Hans-Peter
Gehrig

Das
Atlantisrätsel

Des
Rätsels Lösung

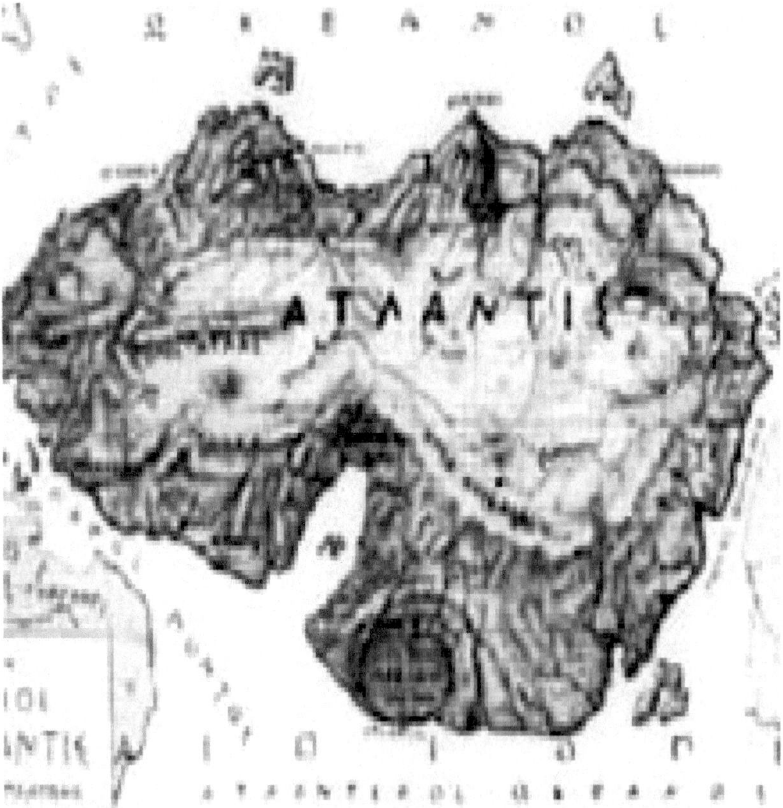

Das
Atlantisrätsel
des
Rätsels Lösung

Autor:
Hans-Peter Gehrig
Hölderlinstraße 35
88400 Biberach

Copyright:
2022
Hans-Peter Gehrig

Inhalt

Inhalt 4
Kapitel 1 5
  Vorwort 5
  Einleitung 16
    Worum geht's? 16
    Platon: 18
    Poseidon 20
    Götter 23
    Die Stadt Atlantis 27
    Die zentrale Ebene 30
    Die Insel 35
Kapitel 3: 36
  Vergleich Platon –Bibel 36
Kapitel 4: 51
  Die Lage von Atlantis 51
Kapitel 5: Die große Flut 73
Kapitel 6: 93
  Physikalische Grundlagen 93
Kapitel 7: 100
  Was wirklich geschah. 100

Kapitel 8: 122
  Resümee 122
Kapitel 9: 134
  Nachwort 134

Kapitel 1

Vorwort

Die Frage ob Atlantis wirklich existiert hat und, falls ja, wo es dann gelegen ist und wann, warum es untergegangen ist, stellt ein Rätsel dar, worüber die Menschen, wohl schon seit dem Platon vor 2500 Jahren darüber berichtet hat, nachdenken und diskutieren. Die Meinungen Derjenigen, die an die Existenz glauben, darüber wo Atlantis gelegen hat und wann es unterging, gehen dabei teilweise sehr weit auseinander. Dementsprechend gibt es eine Vielzahl unterschiedlicher Theorien zu diesem Thema. Einige wenige davon möchte ich hier kurz vorstellen.

„Atlantis ist in Wirklichkeit eine verkappte Erzählung von Troja: So lautet die Theorie des deutschen Geoarchäologen und Publizisten Eberhard Zangger, die er 1992 in Form seines Buches „Atlantis. Eine Legende wird entziffert" veröffentlicht hat. Der Autor stellt allerdings im Buch klar, dass er sich weder zu der Gruppe zählt, die Atlantis als frei erfundene Geschichte auffassen, noch zu jenen, die glauben, den Mythos Atlantis enträtselt zu haben. Er geht davon aus, dass Platon die Geschichte von Atlantis als einen – wenn auch verzerrten und verdrehten – Bericht über ein historisches Ereignis betrachtete, heißt es im Vorwort des Buches. Gemeint ist die Geschichte vom

bronzezeitlichen Troja. Platon soll also nach Zanggers These mit seiner Schilderung vom untergegangenen Atlantis in Wahrheit die Zerstörung Trojas beschrieben haben."

Also Troja und Atlantis sollen identisch sein? Ich möchte diese Theorie nicht weiter kommentieren, hoffe jedoch, dass meine Leser, wenn Sie dieses Buch aufmerksam gelesen haben mir zustimmen werden, dass diese Annahme vollkommen unsinnig ist. Die nächste Theorie verortet Atlantis in das Gebiet, in dem heutzutage das Schwarze mehr zu finden ist. Tatsächlich hat man unter den Fluten des Schwarzen Meeres relikte einer alten Hochkultur entdeckt. Ob diese jedoch einen Bezug zu Atlantis besitzen, ist eher fraglich. Immerhin könnte ein Bezug darin bestehen, dass dieses Gebiet einst Teil eines Atlantischen Imperiums war. Davon abgesehen gibt es, vor allem was die Lage anbelangt, keine Übereinstimmung mit Platons Überlieferungen.

„Einige Atlantis-Forscher gehen davon aus, dass sich das einstige Inselreich im Schwarzen Meer befunden haben soll. Diese Hypothese hatte Ende des 19. Und Anfang des 20. Jahrhunderts regen Zuspruch, geriet *dann aber wieder in Vergessenheit. In den 1990er Jahren verhalfen die US-Geologen William Ryan und Walter Pitman dem Ganzen wieder zu neuem Schwung: Sie wiesen eine gewaltige Flutung des Schwarzmeerbeckens um 5600 vor Christus nach – Atlantis könnte auf diesem Weg untergegangen sein.*

2004 wurde diese Theorie auch von den deutschen Forschern Siegfried und Christian Schoppe aufgegriffen. Sie gingen von einer jungsteinzeitlichen Kultur an der Nordküste des Schwarzen Meeres aus. Die Zivilisation soll demnach vor 7500 Jahren von dem plötzlich stark ansteigenden Meer – eine Art Tsunami – verschluckt worden sein."

Bemerkenswert, bei der in dieser Theorie angegebenen Datierung mit 5600 Jahre vor Christus ist, dass sie in eine Zeit: 4000 Jahre nach dem Ende der Eiszeit verweist. Demnach ist es möglich, dass der Spiegel des Schwarzen Meeres zunächst noch nicht das heutige Niveau erreicht hat, sondern erst nachdem die Wassermassen des Mittelmeeres die Landenge zwischen Mittelmeer und Schwarzem Meer durchbrochen haben wurde dieses Gebiet weiter überflutet und es bildete sich das heutige Bild der Erde. Ob es einen Zusammenhang gibt zwischen der dort untergegangenen Zivilisation und der von Atlantis ist eher fraglich, aber eine Verbindung ist natürlich nicht unmöglich. Wahrscheinlicher ist jedoch, dass sich aus einer Gruppe Überlebender der Atlantiskatastrophe innerhalb von immerhin 4000 Jahren eine neue Kultur entwickelt hatte.

Die oben genannten Theorien sind nur zwei von unzähligen Atlantistheorien die im Laufe von Jahrhunderten und Jahrtausenden aufgestellt wurden. Obwohl sie sich teilweise stark unterscheiden, haben sie doch eine Gemeinsamkeit: sie weichen doch alle mehr oder weniger stark von Platons Überlieferungen ab. Insofern tragen sie nicht wirklich zur Lösung des Rätsels bei. Dennoch behaupte ich die Lösung des Rätsels in Händen zu halten. Aber was gibt mir die Gewissheit die Wahrheit zu kennen?
Da die vermutlich einzige Überlieferung über Atlantis in den Werken Platons zu lesen sind, müssen wir eben diese als Grundlage für weitere Forschungen nutzen.
Die zweite Möglichkeit um Informationen zu erschließen ist es sich das heutige Bild der Welt zu betrachten, denn dieses ist schließlich das Resultat, das durch die Ereignisse früherer Jahrtausende entstanden ist.
Platons Angaben werden jedoch von Wissenschaftlern als reine Phantasie abgetan, da sie als zu utopisch

angesehen werden und zudem von der Lehrmeinung der Wissenschaftler abweicht. Da es zudem keine archäologischen Artefakte gibt, die sich eindeutig einer atlantischen Hochkultur zuordnen lassen, lässt dies die tatsächliche Existenz von Atlantis noch unwahrscheinlicher erscheinen. Jedoch hat Platon durchaus sehr konkrete Angaben gemacht, und einige davon, die mit dem Untergang von Atlantis in Zusammenhang stehen, entsprechen durchaus exakt jenen Ereignissen die sich zur damaligen Zeit nachweislich tatsächlich ereignet haben. Eine, der meiner Meinung nach, bemerkenswertesten Angaben in Platons Werken ist die Datierung für den Untergang von Atlantis, die er mit „9000 Jahre vor meiner Zeit" angibt. Demnach wäre Atlantis, aus heutiger Sicht vor ca. 11500 Jahre untergegangen. Eine Datierung, die von vielen Forschern als unglaubwürdig oder utopisch betrachtet wird. Bemerkenswert an diesem Datum ist jedoch, dass es in eine Zeit weist, zu der Ereignisse, genau wie die von Platon Beschriebenen, nachweislich tatsächlich stattfanden. In dieser Zeit nämlich vollzog sich das Ende der letzten Eiszeit verbunden mit einem Anstieg des Meeresspiegels um mehr als 100 m. Es ist also unbestreitbar etwas gigantisch Großes im Meer versunken. Und wenn dieses Detail von Platons

Überlieferungen eine Beschreibung tatsächlicher Ereignisse darstellt, warum sollte dann der Rest seiner Schilderungen nicht auch Gegebenheiten beschreiben die einstmals Realität waren?
Dies zu belegen soll der Zweck dieses Buches sein, daher der Titel.

Es gibt übrigens ein paar bemerkenswerte Ähnlichkeiten zwischen unserer heutigen Situation und dem Ende der letzten großen Eiszeit. Damals wie heute haben wir es mit einem deutlichen Klimawandel zu tun, und damals wie heute kann man Menschen beobachten, die zusammengepfercht in viel zu kleinen Booten versuchen, auf ihrer Flucht, einen Ozean zu überqueren. Auch Wetterkapriolen und Überflutungen bilden eine nicht zu leugnende Ähnlichkeit.

Die Vorgänge zum Ende der letzten Eiszeit, lassen sich natürlich nicht mit einer heutigen „Jahrhundertflut" vergleichen, wenngleich für die betroffenen Menschen auch eine solche Flutkatastrophe wie ein Weltuntergang gewirkt haben mag.
(siehe folgende Bilder).

12

Solche Flutkatastrophen finden in der heutigen Zeit relativ häufig statt. Oft reicht hierfür ungewöhnlich langanhaltender Starkregen, unter Umständen gepaart mit einsetzender Schneeschmelze. Wenn wir uns diese Situation nun um ein Vielfaches verstärkt ausmahlen, dann haben wir eine ungefähre Vorstellung, wie es zum Ende der Eiszeit ausgesehen haben wird. Man denke nur an die mehrere 1000 m mächtigen Gletscher, welche damals große Teile der Erdoberfläche bedeckten. Wenn davon in einem besonders warmen Sommer auch nur ein kleiner Teil abgeschmolzen wäre, dann hätten wir bereits eine Flutkatastrophe, die genau dem entspricht, was man in der Bibel unter dem Stichwort Sintflut nachlesen kann.

Obwohl die alten Überlieferungen teilweise der Lehrmeinung der Mainstream-Wissenschaftler widersprechen, möchte ich auf Grund der großen Ähnlichkeiten zwischen den alten Texten und den tatsächlichen Geschehnissen diese nicht als Mythen und Legenden abtuen, sondern sie als seriöse Geschichtsschreibung betrachten. Im Folgenden beziehe ich mich daher auf diese alten Texte und auf das tatsächliche Erscheinungsbild unserer Erde, welches schließlich eine Folge früherer Ereignisse darstellt. Lediglich in meinen Randbemerkungen lasse ich mich zu Spekulationen hinreisen und meine eigenen Gedanken einfließen. Dennoch würde ich mich freuen, wenn meine Leser auch diesen Randbemerkungen ihre Aufmerksamkeit schenken würden.

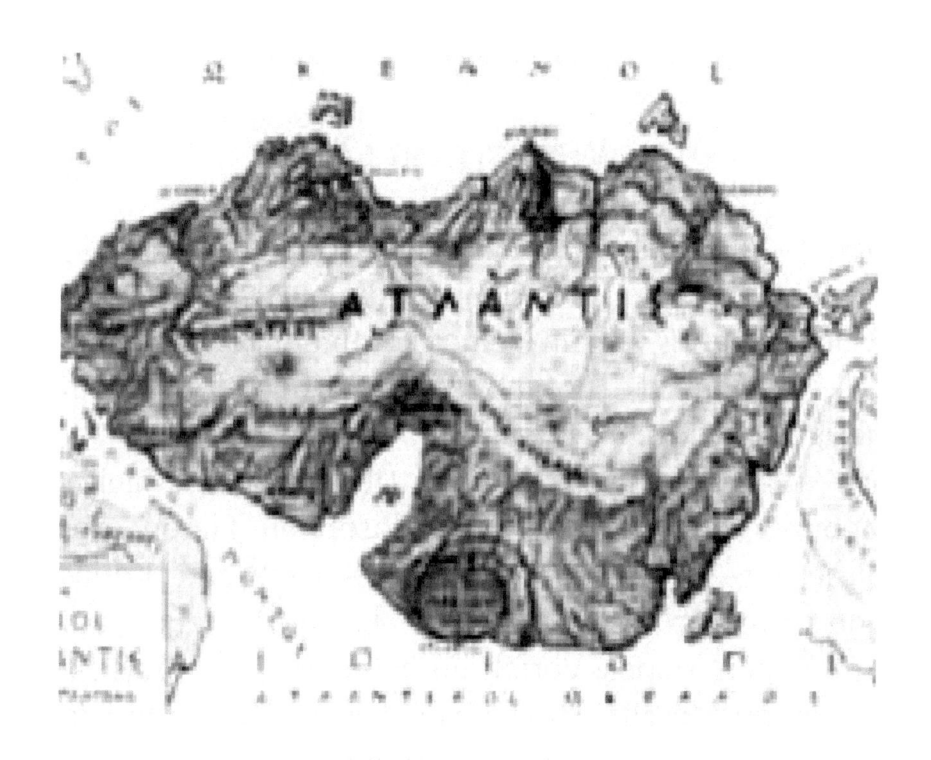

Fiktive Karte von Atlantis (Quelle: Wikipedia)

Kapitel 2:

Einleitung

Worum geht's?

Der Begriff Atlantis bezeichnet einerseits eine Stadt, die andererseits die Hauptstadt einer Insel war, welche so groß wie ein kleiner Kontinent gewesen sein soll. Darüber hinaus gab es laut Überlieferung ein riesiges atlantisches Imperium.
Die wahrscheinlich einzige Überlieferung hierzu stammt vom griechischen Philosophen Platon, der diese vor 25oo Jahren in Form seiner Werke Kritias und Timaios veröffentlichte. Er griff dabei auf Unterlagen seines Vorfahren namens Solon zurück. Dieser griechische Staatsmann lebte einige Jahre in Ägypten, wo er von einem befreundeten Hohepriester auf die Geschichte von Atlantis aufmerksam gemacht wurde. Diese Informationen ergänzte er noch durch eigene Recherchen in den gut ausgestatteten Bibliotheken Ägyptens.

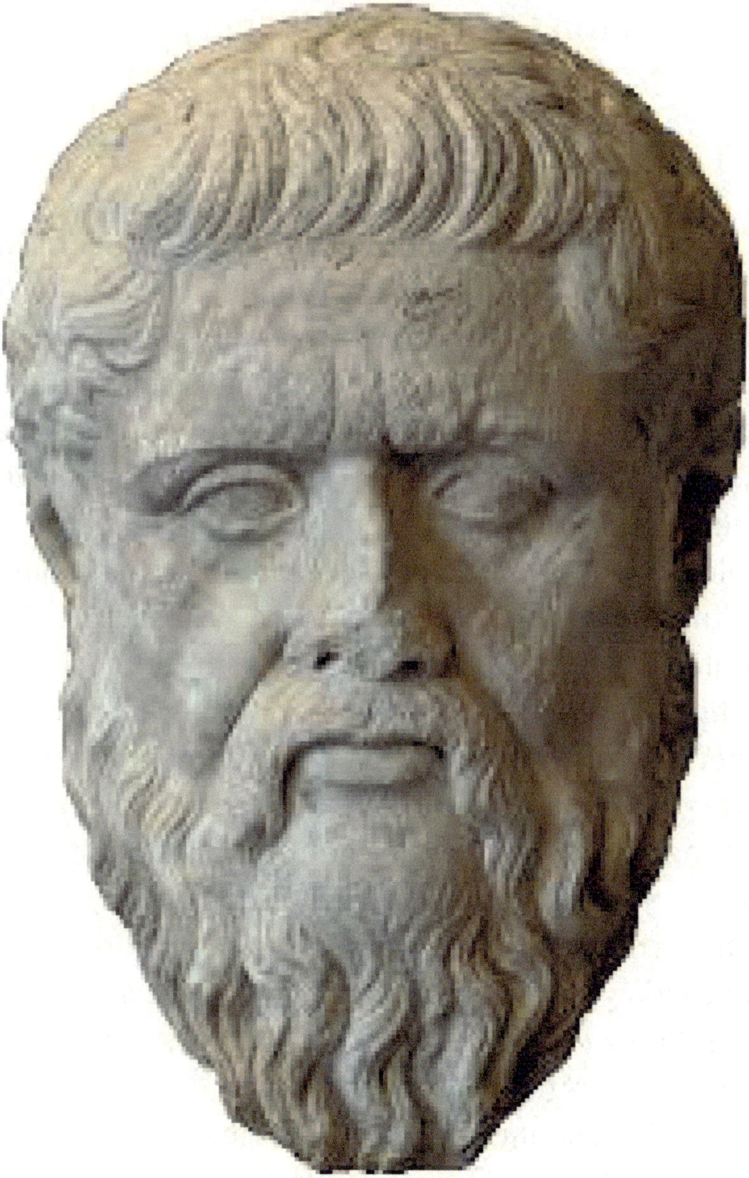

Platon (Quelle: Wikipedia)

Platon:

Er hat die vermutlich einzigen Überlieferungen über Atlantis hinterlassen. Auch das ungefähre Datum des Untergangs hat er in seinen Werken genannt. 9000 Jahre vor seiner Zeit soll dieses Ereignis stattgefunden haben. Dies ist insofern bemerkenswert, als dass damals, also **vor 11500** Jahren tatsächlich Begebenheiten stattfanden, welche genau den Schilderungen Platons entsprechen. Darüber hinaus ereigneten sich in diesem Zusammenhang Naturkatastrophen, die dem was in der Bibel als Sintflut beschrieben wird in allen Details entsprechen. Daher ist es naheliegend anzunehmen, dass der Untergang von Atlantis und die Sintflut die gleiche Ursache hatten und zur gleichen Zeit stattfanden.
In beiden Überlieferungen ist die Rede davon, dass die Menschen sich den Zorn Gottes oder der Götter zugezogen haben, so dass diese beschlossen die Menschen zu bestrafen und größtenteils auszurotten. Auch diese Ähnlichkeit legt nahe, dass zwischen beiden Geschehnissen ein Zusammenhang besteht und sie zur gleichen Zeit stattfanden.

Einer dieser Götter namens Poseidon war der Gründer der Stadt Atlantis.

(Randbemerkung: „Es gibt einige bemerkenswerte Parallelen zwischen unserer heutigen Situation und jener zur Zeit des Untergangs von Atlantis. Damals wie heute fand ein signifikanter Klimawandel statt. Damals wie heute versuchten möglichst viele Menschen in überfüllten Booten und Schiffen über das Meer zu fliehen um ihr Leben zu retten. Damals wurde der weitaus größte Teil der Menschheit ausgelöscht. Und heute? Was wird uns die Corona-Pandemie noch bescheren? Zumindest sollte jedem klargeworden sein, dass sich so ein Virus nicht durch einen Stacheldrahtzaun abhalten lässt. Wir sitzen tatsächlich alle in einem Boot. Dies gilt auch für die Flüchtlingskriese. Daran ändert auch Stacheldraht nichts!)

Poseidon

Poseidon: Nach der griechischen Mythologie der Meeresgott. Er war der Bruder des Zeus und damit einer der Hauptgötter und einer der zwölf Götter des Olymps. Laut Platon gründete er die Stadt Atlantis. In Platons Werk Kritias wird dies wie folgt beschrieben:

„......*Am Rande dieser Ebene aber lag wiederum und zwar etwa sechzig Stadien (1Stadion=180 m) vom Meere entfernt, ein nach allen Seiten niedriger Berg. Auf demselben nun wohnte einer von den daselbst im Anfang aus der Erde entsprossenen Männern, namens Euenor, zusamt seiner Gattin Leukippe, und sie hatten eine einzige Tochter, Kleito, erzeugt. Als nun dies Mädchen in das Alter der Mannbarkeit gekommen war, starben ihr Mutter und Vater, Poseidon aber ward von Liebe zu ihr ergriffen und verband sich mit ihr.*

Er trennte auch den Hügel, auf welchem sie wohnte, rings herum durch eine starke Umhegung ab, indem er mehrere kleinere und größere Ringe abwechselnd von Wasser und von Erde umeinander fügte, und zwar ihrer zwei von Erde und drei von Wasser, alle von der Mitte der Insel gleichweit entfernt, wodurch denn der Hügel für Menschen unzugänglich wurde, denn Schiffe und Schifffahrt gab es damals noch nicht."

Man könnte also sagen: Poseidon baute für sich und seine Familie eine Burg mit gleich drei Burggräben. Er wollte damit seine Familie schützen. Er zeugte nämlich mit Kleito zehn Kinder, fünf Zwillingspaare, alles Jungs. Sein ältester Sohn Atlas war später der erste König von Atlantis und war auch dessen Namensgeber.

Götter

Diese Wesen sind ein Phänomen, dass ohne Ausnahme überall auf der Welt anzutreffen ist. Sie sind Bestandteil jeder alten Überlieferung, Mythen, Legenden und der alten Religionen. Im antiken Ägypten, Griechenland und Rom waren sie ebenso bekannt, wie bei den keltischen oder germanischen Stämmen. Die frühen amerikanischen Hochkulturen kannten sie genauso wie die fernöstlichen Kulturen. In Indien oder Pakistan sind sie auch heute noch Bestandteil der Religion. Und vergessen wir nicht, dass sie auch im Altem Testament der Bibel reichlich Erwähnung finden. Und obwohl diese Götter ein weltweites Phänomen darstellen, sind die meisten Wissenschaftler der Meinung, dass es sich hierbei nur um fiktive Wesen handelt, die unsere Vorfahren erfunden haben, um Naturphänomene wie Blitz und Donner oder die Planeten, die scheinbar am Himmel ihre Kreise ziehen, zu erklären.

Wenn man jedoch die alten Texte aufmerksam liest, muss man zu dem Schluss kommen, dass es sich bei den Göttern auch um real existierende Wesen aus

Fleisch und Blut gehandelt haben muss, denn sie betrieben nicht nur Familienplanung (siehe oben), sondern gingen auch sonst vollkommen irdischen Interessen nach. So berichtet Platon in seinem Werk Kritias folgendes:

„Die Götter verteilten nämlich unter sich die ganze Erde, der Örtlichkeit nach, durch das Los, nicht im Hader. Denn unvernünftig wäre es wohl zu sagen, die Götter wüssten nicht das jedem von ihnen Zukommende, noch es suchten, wenn sie es wüssten, die einen das anderen mehr Zukommende in Hader sich selbst zuzueignen. Sie bevölkerten vielmehr, nachdem ihnen durch rechtliche Verlosung der ihnen werte Anteil zugefallen war, die Landstriche, und ernährten, nachdem sie das getan, uns als ihre Zucht und Eigentum, wie die Hirten ihre Herden, nur dass sie nicht die Körper durch Körperkraft bändigten, wie die Hirten über ihr Vieh durch Schläge walten, sondern indem sie uns, als ein durch Überredung besonders lenksames Geschöpf, gleichsam durch das hinten am Schiffe befindliche Steuerruder auf die Seele einwirkend, nach ihrem Sinne leiteten und so über das gesamte Geschlecht der Menschen walteten."

In diesem bemerkenswerten Text sagt Platon nichts Anderes als dass die Götter die ganze Erde unter sich aufteilten. Jeder bekam einen Claim und Poseidon fiel eben Atlantis zu. Sie hielten die Menschen als Knechte und liesen Sie für sich arbeiten.

Ich weiß nicht, was für Figuren diese Götter waren noch woher sie kamen, aber für mich steht fest, dass es sich um reale Wesen aus Fleisch und Blut gehandelt hat. Allen diesbezüglichen Überlieferungen ist gemeinsam, dass die Götter immer einen Chef, Anführer oder Hauptgott hatten, wie etwa Osiris, Allvater Odin oder Zeus und vielleicht ist der einzige Gott der Christen gar nicht der Einzige, sondern nur der Chef über die anderen Götter.

(Randbemerkung: Eines der zehn Gebote, die uns von Gott gegeben worden sein sollen, lautet: „Ich bin der Herr, dein Gott. Du sollst keine anderen Götter neben mir haben." Nein, es wird hier gar nicht bestritten, dass es auch noch andere Götter gab. Hier möchte jemand mit breiter Brust auftreten und demonstrieren, dass er der größte ist, der Chef im Ring. So spricht kein fiktives oder übernatürliches Wesen, sondern jemand, der seine ganz profanen, irdischen Interessen durchsetzen möchte.)

Bild unten: Zeus, der Bruder von Poseidon, aber auch sein Chef.

Die Stadt Atlantis

Die Stadt Atlantis entstand aus der ursprünglichen Burg, die Poseidon für sich und seine Familie erbaute. Diese beschreibt Platon in seinem Werk Kritias wie folgt:

„*Er trennte auch den Hügel, auf welchem sie wohnte, rings herum durch eine starke Umhegung ab, indem er mehrere kleinere und größere Ringe abwechselnd von Wasser und von Erde umeinander fügte, und zwar ihrer zwei von Erde und drei von Wasser, alle von der Mitte der Insel gleichweit entfernt, wodurch denn der Hügel für Menschen unzugänglich wurde, denn Schiffe und Schifffahrt gab es damals noch nicht.*

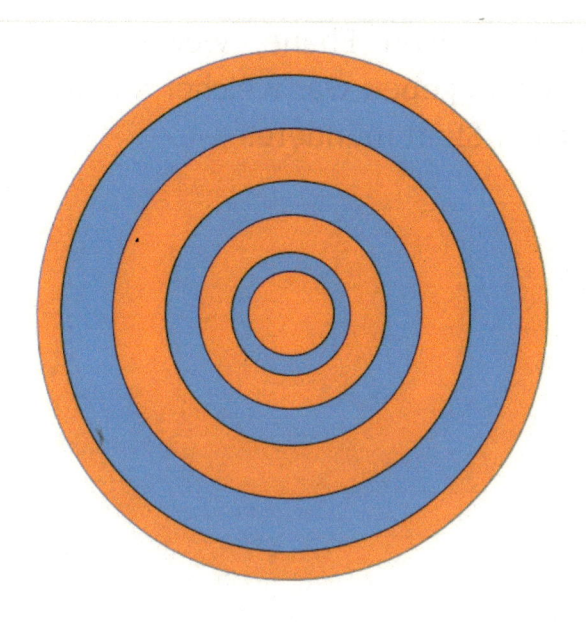

Im oberen Bild ist eine schematische Darstellung der Burg Atlantis zu sehen. Laut Platon soll der äußerste Graben drei Stadien breit gewesen sein, der äußerste Erdwall ebenfalls drei Stadien. Der zweite Kanal und Erdwall sollen je zwei Stadien breit gewesen sein und der innerste Graben ein Stadion. Die Insel in der Mitte hatte einen Durchmesser von fünf Stadien. (1 Stadion=185m) Der Gesamtdurchmesser betrug also 27 Stadien (5 km).
Später wurde die Burg durch einen 60 Stadien langen Kanal mit dem Meer verbunden und die kreisförmigen Kanäle wurden als Häfen genutzt. Die Stadt lag am

Rand einer riesigen Ebene, welche ebenfalls von einem Kanal umgeben war welcher an zwei Stellen in die Kanäle der Stadt mündete.

Die zentrale Ebene

Die zentrale Ebene hatte die Form eines langgezogenen Rechtecks und erstreckte sich in Nord-Süd-Richtung wobei die Stadt etwa in der Mitte lag. Sie wird von Platon folgendermaßen beschrieben:

„Zunächst nun wurde mir das Land im Ganzen als sehr hochgelegen und steil aus dem Meere aufsteigend geschildert, die Gegend um die Stadt her dagegen durchweg als eine Ebene, welche dieselbe umschloss, ihrerseits aber wieder rings herum von Bergen eingeschlossen wurde, die sich bis zum Meere hinzogen, und zwar als eine ganz glatte und gleichmäßige Fläche, die in ihrer Gesamtausdehnung eine längliche Gestalt hatte, indem dieselbe nach der Seite zu dreitausend Stadien, in der Mitte aber vom Meere abwärts zweitausend Stadien betrug. Von der ganzen Insel nämlich lag dieser Teil nach der Südseite zu, indem er sich von Norden nach Süden erstreckte. Die Berge aber, welche ihn umgaben, wurden damals als solche gepriesen, welche an Menge, Größe und Schönheit alle jetzt vorhandenen übertrafen, indem sie viele Flecken mit einer reichen Zahl von Bewohnern, ferner Flüsse, Seen und Auen, welche von allen möglichen zahmen und wilden Tieren hinreichendes

Futter darboten, sowie Waldungen in sich fassten, welche in bunter Menge und in der größten Mannigfaltigkeit aller Gattungen einen reichhaltigen Stoff zu den Arbeiten jeder Art, im Großen wie im Kleinen, lieferten. Auf diese Weise war die Ebene von der Natur ausgestattet, und viele Könige hatten an ihrer weiteren Ausstattung gearbeitet. Zum größten Teile bildete sie nämlich bereits ein vollständiges Rechteck, wo es aber noch an der vollen Regelmäßigkeit dieser Gestalt fehlte, war ihr dieselbe dadurch gegeben worden, dass sie auf allen Seiten einen Graben herumgezogen hatten. Was nun von dessen Tiefe, Breite und Länge erzählt ward, das könnte unglaublich erscheinen für ein von Menschenhänden gearbeitetes Werk, es könnte unglaublich erscheinen, dass sie zu ihren vielen anderen Arbeiten auch noch diese von so gewaltiger Ausdehnung unternommen hätten, dennoch muss ich darüber berichten, wie ich es gehört habe. Nämlich ein Plethron (1 Plethron = 100 Fuss = 30,83 m) tief ward er gegraben und überall ein Stadion breit, (1 Stadion = 185 m) und als er nun die ganze Ebene herumgezogen war, da ergab sich für ihn eine Länge von zehntausend Stadien (1850 km). Er nahm auch die von den Bergen herabfließenden Wasser auf, und da er rings um die Ebene herumgeführt war und die Stadt auf beiden

Seiten berührte, so ließ er dieselben auf folgende Weise ins Meer abfließen. Von seinem oberen Teile her wurden nämlich von ihm ungefähr hundert Fuß breite Kanäle in gerader Linie in die ebene geleitet, welche wieder in den vom Meere ausgezogenen Kanal einmündeten und voneinander hundert Stadien (18,5 km) entfernt waren. Auf ihnen brachten sie denn auch das Holz von den Bergen in die Stadt, aber auch alle anderen Landeserzeugnisse holten sie zu Wasser heran, indem sie wieder Überfahrten aus den Kanälen in einander nach der Quere zu und ebenso nach der Stadt hin gruben. Auch ernteten sie in Folge dessen zweimal des Jahres ein, indem ihnen im Winter der Regen von des Zeus Gunst dazu verhalf, im Sommer aber die Bewässerung, welche das Land selber in sich trug, dadurch, dass sie sie aus den Kanälen herzu leiteten. ...."

Die zentrale Ebene soll 2000 Stadien (370 km) breit und 3000 Stadien (555 km) lang gewesen sein. Sie wurde am Rand von einem sie umgebenden Kanal eigefasst, der demnach 10000 Stadien (1850 km) lang war.

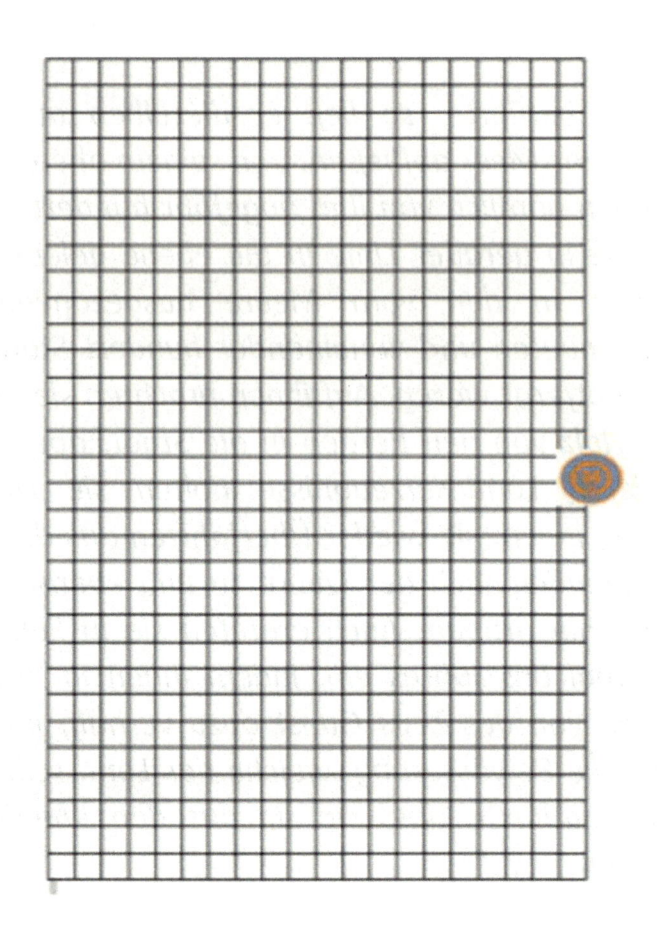

Die gesamte Fläche wurde im Abstand von je 100

Stadien von weiteren Kanälen in Längs – und Querrichtung durchzogen.
Sie war also in lauter quadratische Parzellen mit 18,5 km Seitenlänge aufgeteilt (342,25 km^2).

Die Hauptstadt befand sich in der Mitte einer der Längsseiten. Da sie jedoch nur 5 km Durchmesser besaß, ist sie in diesem Maßstab winzig klein. Zur Verdeutlichung wurde sie in einem größeren Maßstab als die Ebene dargestellt. Diese ebene war nicht die einzige der Insel, jedoch die größte und schönste. Sie soll ringsum von Gebirgen umgeben gewesen sein. Die Stadt jedoch wird unweit einer Meeresbucht gelegen sein.

Die Insel

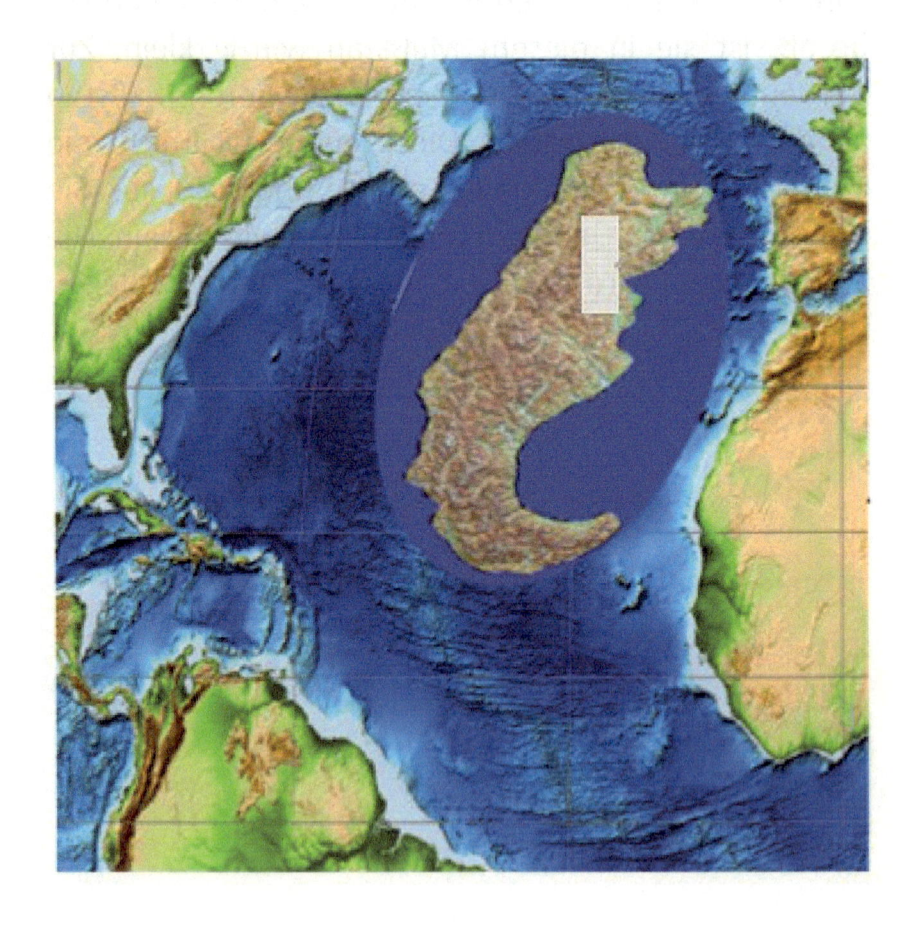

Bild oben: Mein Vorschlag, wie Atlantis ausgesehen haben könnte. Laut Platon soll es noch mehrere kleinere Inseln dazu gehört haben, jedoch ist die Größe (so groß wie ein kleiner Kontinent) und die Lage (vor den Säulen des Herkules) so, wie von Platon angegeben.

Kapitel 3:
Vergleich Platon –Bibel

Da es offensichtlich ist, dass es zwischen den biblischen Geschichten und den Überlieferungen Platons große Ähnlichkeiten gibt, ist es sicherlich von Interesse darüber nachzudenken, ob es sich bei beiden Schilderungen möglicherweise um das selbe Ereignis handelt oder doch zumindest um zwei Ereignisse, welche auf die gleiche Ursache zurückzuführen sind. Eine dieser Ähnlichkeiten besteht darin, dass Gott oder die Götter das sündige Treiben der Menschen missbilligten und daher beschlossen die Menschen zu bestrafen. Diese Strafe sollte in beiden Fällen darin bestehen, den größten Teil der Menschheit auszurotten. Eine weitere Ähnlichkeit besteht darin, dass bei dieser Strafaktion eine unvorstellbar riesige Menge Wassers zum Einsatz kam. Eben diese Wassermassen sind es, welche zu der Zeit die Platon für den Untergang von Atlantis angab, in den eiszeitlichen Gletschern in gefrorener Form zur Verfügung standen. Die Freisetzung dieser Wassermassen ist auf jeden Fall dazu geeignet sowohl die biblische Geschichte, als auch Platons Überlieferung zu bestätigen. Im Folgenden möchte ich durch Zitate aus beiden Werken diese Zusammenhänge darlegen.

Kritias:

Die Götter verteilten nämlich unter sich die ganze Erde, der Örtlichkeit nach, durch das Los, nicht in Hader. Denn unvernünftig wäre es wohl zu sagen, die Götter wüssten nicht das jedem von ihnen Zukommende, noch es suchten, wenn sie es wüssten, die einen anderen mehr Zukommende in Hader sich selbst zuzueignen. Sie bevölkerten vielmehr, nachdem ihnen durch rechtliche Verlosung der ihnen werte Anteil zu gefallen war, die Landstriche, und ernährten, nachdem sie das getan, uns als ihre Zucht und ihr Eigentum, wie die Hirten ihre Herden, nur dass sie nicht die Körper durch Körperkraft bändigten, wie die Hirten über ihr Vieh durch Schläge walten, sondern indem sie uns, als ein durch Überredung besonders lenksames Geschöpf, gleichsam durch das hinten am Schiffe befindliche Steuerruder auf die Seele einwirkend, nach ihrem Sinne leiteten und so über das gesamte Geschlecht der Menschen walteten.

Ja Sie lesen richtig, die Götter teilten die Erde unter sich auf, jeder bekam sein eigenes Claim über den und dessen menschliche Bewohner er dann wie ein König herrschte. Eine bemerkenswerte Geschichte und man möchte fast hoffen, dass es sich hierbei nur um reine Fiktion handelt.
Beunruhigender Weise steht jedoch die Fortsetzung der Geschichte im heiligen Buch der Christen, der Bibel. Hieraus, das nächste Zitat.

Bibel: 1. Buch Mose:

Die Menschen wurden immer zahlreicher und breiteten sich auf der Erde aus. Da bemerkten die Gottessöhne, wie schön die Töchter der Menschen waren. Sie wählten diejenigen aus, die ihnen am besten gefielen, und nahmen sie zu Frauen. Da sagte der Herr: „Die Menschen sollen nicht mehr so alt werden, ich werde ihnen meinen Lebensatem nicht mehr für so lange Zeit geben. Denn sie sind schwach und anfällig für das

Böse. Ich werde ihre Lebenszeit auf 120 Jahre begrenzen." Aus der Verbindung der Gottessöhne mit den Menschentöchtern gingen die Riesen hervor. Sie lebten damals – und auch später noch – auf der Erde und waren als die berühmten Helden der Vorzeit bekannt.

Von welchen Gottessöhnen ist hier die Rede? Sind es etwa dieselben Figuren, die bei Platon als Götter bezeichnet werden? Wäre der christliche Gott dann zu vergleichen mit dem Hauptgott der Griechen, mit dem Göttervater Zeus? Fragen über Fragen. Aber wie geht die Geschichte bei Platon weiter? Auch bei Platon lässt sich herauslesen, dass die Götter mit den Menschen Nachwuchs zeugten. Dadurch vermischten sich die Gene der Götter und der Menschen wobei zunächst die göttlichen Gene dominierten. Im Laufe vieler Generationen nahm dann der menschliche Anteil der Gene immer mehr zu. Bei Platon liest sich das wie folgt:

Kritias:

Die damals in jenen Gegenden in solchem Umfange und so geübte Herrschgewalt versetzte dagegen der

Gott in unsere Lande, durch Folgendes, wie die Sage geht, dazu veranlasst. Viele Menschenalter hindurch, solange noch die göttliche Abkunft bei ihnen vorhielt, waren sie den Gesetzen gehorsam und freundlich gegen ihre Sippschaft göttlichen Ursprungs; denn ihre Gesinnung war aufrichtig und durchaus großherzig, indem sie bei allen sie betreffenden Begegnissen sowie gegeneinander Weisheit mit Milde gepaart bewiesen. So setzten sie auf jeden Besitz, den der Tugend ausgenommen, geringen Wert, und ertrugen sonder Beschwer, jedoch als eine Bürde, des Goldes und anderes Besitztums Fülle. Üppigkeit berauschte sie nicht, noch entzog ihnen ihr Reichtum die Herrschaft über sich selbst, oder verleitete sie zu Fehltritten; vielmehr erkannten sie nüchtern scharfen Blicks, dass selbst diese Güter insgesamt nur durch gegenseitige mit Tugend verbundene Liebe gedeihen, dass aber durch das eifrige Streben nach denselben und ihre Wertschätzung diese selbst sowie jene (die Tugend) mit ihnen zu Grunde gehe. Bei solchen Grundsätzen und solange noch die göttliche Natur vorhielt, befand sich bei ihnen alles früher Geschilderte im Wachstum; als aber der von dem Gotte herrührende Bestandteil ihres Wesens, häufig mit häufigen, sterblichen Gebrechen versetzt, verkümmerte und das menschliche Gepräge die Oberhand gewann: da vermochten sie bereits nicht mehr ihr Glück zu ertragen, sondern entarteten und erschienen, indem sie des Schönsten unter allem Wertvollen sich entäußerten, Dem, der dies zu durchschauen vermochte, in schmachvoller Gestalt; dagegen hielten sie die des Lebens wahres Glück zu erkennen Unvermögenden gerade damals für hochherrlich und vielbeglückt, wo sie des Vollgenusses der Vorteile der Ungerechtigkeit und Machtvollkommenheit sich erfreuten.

Aber Zeus, der nach (ewigen) Gesetzen waltende Gott der Götter, erkannte, Solches zu durchschauen vermögend, dass ein wackeres Geschlecht beklagenswerten Sinnes sei, und versammelte, in der Absicht, sie dafür büßen zu lassen, damit sie, zur Besonnenheit gebracht, verständiger würden, die Götter insgesamt an dem unter ihnen vor Allem in Ehren gehaltenen Wohnsitze, welcher im Mittelpunkt des gesamten Weltganzen sich erhebt und alles des Entstehen Teilhaftige zu überschauen vermag, und sprach zu ihnen……….

Der obige Text ist eine Übersetzung von Platons Werk aus der Mitte des 19.-Jahrhunderts. Da die altertümliche Ausdrucksweise etwas schwer

„verdaulich" ist, möchte ich das Wesentliche noch einmal in der heutigen Sprache zusammenfassen.

Wie unter dem Stichwort „Poseidon" schon angedeutet, haben die „Götter" menschliche Frauen geehelicht und mit ihnen Nachwuchs gezeugt. Bei Poseidon waren es fünf Zwillingspaare, alles Jungs. (Möglicherweise handelt es sich hierbei um die Gottessöhne die in der Bibel erwähnt werden?). Diese Gottessöhne hatten also zur Hälfte göttliche DNA und zur Hälfte menschliche DNA, wobei das göttliche Erbgut dominant war.

Doch auch die Gottessöhne verbanden sich mit menschlichen Frauen und gründeten mit ihnen Familien. Dadurch wurde die göttliche DNA von Generation zu Generation immer mehr von der menschlichen verdrängt oder überlagert, so dass sich das Göttliche im Menschen immer mehr verlor.

Parallel dazu veränderte sich laut Platon auch der Charakter der Menschen. So wandelte sich ihr anfänglich gottgefälliger, gutmütiger Lebenswandel zu einem sündigen und böswilligen Lebenswandel. Dies erzürnte die Götter dermaßen, dass sie beschlossen die Menschen zu bestrafen und trafen sich in der

Mitte der Welt wo sie ihr Hauptquartier hatten um sich zu beraten……

(Randbemerkung: Möglicherweise war mit der Mitte der Welt das Zentrum aller Landmassen der Erde gemeint. Es gibt einen Längengrad und einen Breitengrad welcher jeweils die längstmögliche Strecke über Land verlaufen. Auf dem Schnittpunkt dieser Meridiane steht heutzutage die Cheops-Pyramide.)

Die obige Geschichte wird vermutlich von manchem Leser als merkwürdig oder abwegig empfunden werden. Dennoch würde sicherlich jeder Gentechnologe bestätigen, dass sich die Ereignisse genau so hätten zutragen können. Jedoch wird der Herr, der Mitte des 19. Jahrhunderts die Übersetzung anfertigte vermutlich keine Ahnung von Gentechnologie gehabt haben und das Gleiche gilt wohl erst recht für Platon. Jedoch hat Platon in seinen Werken aus noch sehr viel älteren Texten zitiert. Aber woher hatte der ursprüngliche Verfasser der alten Überlieferungen diese Kenntnisse? Hatten etwa die Götter solches Wissen? Wir wissen es nicht.
Sicher ist jedoch, dass die geschilderten Ereignisse nach heutigem Wissensstand der Gentechnologie

richtig dargestellt wurden obwohl die damaligen Menschen eigentlich diese Kenntnisse gar nicht zur Verfügung hatten. Wir können also festhalten, dass Platons Überlieferungen in diesem Detail durchaus realistisch sind. Dürfen wir dann nicht annehmen, dass auch die anderen Details in Platons Texten der Wahrheit entsprechen? Ich werde im Weiteren noch darlegen, dass dies tatsächlich der Fall ist.

An dieser Stelle endet leider Platons Überlieferung, der Rest ist verloren gegangen. Tröstlicher Weise liefert auch hier die Bibel eine plausible Fortsetzung der Geschichte.

1. Buch Mose (Altes Testament)

Der Herr sah, dass die Menschen voller Bosheit waren. Jede Stunde, jeden Tag ihres Lebens hatten sie nur eins im Sinn: Böses planen, Böses tun. Der Herr war

tieftraurig darüber und wünschte, er hätte die Menschen nie erschaffen.
„Ich werde die Menschen, die ich gemacht habe, wieder vernichten!", sagte er. „Ja, nicht nur die Menschen – auch die Tiere auf der Erde, von den größten bis zu den kleinsten, und ebenso die Vögel am Himmel. Es wäre besser gewesen, ich hätte sie erst gar nicht erschaffen.
Nur Noah fand Gnade beim Herrn. Dies ist seine Geschichte: Noah war ein rechtschaffener Mensch – ganz im Gegensatz zu seinen Zeitgenossen. Er ging seinen Weg mit Gott und hörte auf ihn.
Noah hatte drei Söhne: Sem, Ham und Jafet.
<u>*Die übrige Menschheit aber war vollkommen verdorben, die Erde erfüllt von Gewalt. Wohin Gott auch sah: überall herrschte Unrecht, denn die Menschen waren alle vom rechten Weg abgekommen*</u>*. (Randbemerkung: Zumindest in diesem Detail sind Platons Werke und die Bibel identisch. Leider wissen wir nicht wie die Geschichte von Platon weitererzählt wurde. Jedoch wissen wir, dass die tatsächlichen Ereignisse in beiden Fällen zum gleichen Ergebnis geführt hat: nämlich zur Ausrottung des größten Teils der Menschheit!)*
Da sprach Gott zu Noah: „Ich habe beschlossen, alles Leben auf der Erde zu vernichten, denn wo man auch

hinsieht, herrscht Grausamkeit. Darum werde ich alles auslöschen! Bau dir ein Schiff, die Arche! Mach es aus festem Holz und dichte es innen und außen mit Pech ab! Drei Stockwerke soll es haben und jedes Stockwerk mehrere Räume. Es muss 150 Meter lang, 25 Meter breit und 15 Meter hoch sein. Setz ein Dach darauf, das einen halben Meter hoch ist, und an einer Schiffsseite eine Tür ein! Denn mein Plan steht fest: Mit einer großen Flut werde Ich die ganze Erde überschwemmen, so dass Mensch und Tier darin umkommen. Kein Lebewesen soll verschont bleiben. Aber mit dir will ich einen Bund schließen: Geh mit deiner Frau, deinen Söhnen und Schwiegertöchtern in die Arche! Nimm von allen Tieren jeweils zwei mit hinein, ein Männchen und ein Weibchen, damit keine Tierart ausstirbt. Von jeder Art der Vögel, das Viehs und aller anderen Landtiere soll ein Paar mit ins Schiff kommen damit sie alle erhalten bleiben. Leg genug Vorräte an, dass es für euch und die Tiere ausreicht!" Noah führte alles genau so aus, wie Gott es ihm aufgetragen hatte.

Dann sagte der Herr zu Noah: „Geh nun mit deiner ganzen Familie in die Arche! Denn ich habe mir die Menschen angesehen: Du bist der Einzige der noch vor mir bestehen kann! Nimm von allen reinen Tieren je sieben Paare mit in das Schiff und von allen unreinen

nur je ein Männchen und ein Weibchen! Bring auch je sieben Paare von allen Vogelarten mit! So können die verschiedenen Tierarten nach der Flut weiterbestehen und sich wieder auf der ganzen Erde vermehren. Noch eine Woche, dann werde ich es vierzig Tage und vierzig Nächte regnen lassen, damit alles Leben auf der Erde vernichtet wird, das ich geschaffen habe!"
Noah befolgte alles genau so, wie der Herr es ihm befohlen hatte. Er war 600 Jahre alt, als die Sintflut über die Erde hereinbrach.
Noah und seine Frau, seine Söhne und Schwiegertöchter gingen in die Arche, um sich vor den Wassermassen in
Sicherheit zu bringen. Sie nahmen die verschiedenen Tierarten mit – die reinen und unreinen -, von den Vögeln bis zu den Kriechtieren. Paarweise kamen sie in das Schiff, jeweils ein Männchen und ein Weibchen, so wie Gott es angeordnet hatte. Nach sieben Tagen brach die Flut herein.
Es war im 600. Lebensjahr von Noah, am 17. Tag des 2. Monats. Alle Quellen in der Tiefe brachen auf, und die Schleusen des Himmels öffneten sich. Vierzig Tage und vierzig Nächte regnete es in Strömen. Aber Noah und seine Frau, seine Söhne Sem, Ham und Jafet sowie die drei Schwiegertöchter waren genau an diesem Tag in das Schiff gegangen, zusammen mit den

verschiedenen Tierarten: dem Vieh, den wilden Tieren, Kriechtieren und Vögeln. Sie waren paarweise gekommen, ein Männchen und ein Weibchen. Niemand fehlte, alle waren an Bord, genau wie Gott es Noah befohlen hatte, und der Herr schloss hinter ihm zu.
Vierzig Tage lang fiel das Wasser vom Himmel. Die Flut stieg ständig an und hob das Schiff vom Boden ab. Die Wassermassen nahmen immer mehr zu, bis das Schiff auf dem Wasser schwimmen konnte. Bald waren sogar sämtliche Berge bedeckt, das Wasser stand sieben Meter über ihren höchsten Gipfeln. Alle Lebewesen auf dem Land ertranken: das Vieh, die wilden Tiere, Vögel, Kriechtiere und auch die Menschen. Gott löschte das Leben auf der Erde völlig aus. Niemand konnte sich retten. Nur wer sich mit Noah an Bord der Arche befand, kam mit dem Leben davon.
Hundertfünfzig Tage lang blieb das Wasser auf seinem höchsten Stand……..

(Randbemerkung: Manche meiner Leser werden mich möglicherweise für naiv halten, wenn ich den Geschichten in der Bibel scheinbar kritiklos Glauben schenke, werden diese Überlieferungen doch oftmals aufgrund ihres unwahrscheinlich klingenden Inhalts als fromme Märchen und Legenden abgetan. Aber, *gerade aus moderner Sichtweise betrachtet, werden immer mehr Argumente für die Richtigkeit der biblischen Überlieferungen hervorgebracht. Ein Beispiel: Wenn man einen Gentechnologen fragen würde ob er einen Menschen nach seinem Ebenbild erschaffen könnte, wird er möglicherweise Antworten: „Dies ist durchaus möglich, man nennt dieses Verfahren Klonen." Nichts Anderes steht in der Bibel, dort heißt es: „Gott erschuf den Menschen nach seinem Ebenbild!". Also gerade aus wissenschaftlicher Sichtweise machen die Biblischen Geschichten durchaus Sinn. Dies gilt auch für die Sintflutlegende. In praktisch allen alten Überlieferungen gibt es den Hinweis auf die Präsenz von Göttern und einem Hauptgott: Gottvater Zeus oder der Hauptgott im Christentum oder auch Allvater Odin in der nordischen Mythologie. Ist es nicht naheliegend, dass all diese Überlieferungen aus der selben Zeit stammen? Und wenn dem so ist, wäre es dann abwegig anzunehmen, dass in allen Fällen die identischen Figuren gemeint sind? Also Götter = Gottessöhne, Zeus = Christlicher Gott!?)*

Ohne Zweifel gibt es große Ähnlichkeiten, ja Übereinstimmungen zwischen beiden Überlieferungen was nahelegt, dass beide Ereignisse zur gleichen Zeit stattfanden. Also gibt es gute Gründe anzunehmen, dass die Sintflut nur am Ende der letzten großen Eiszeit stattgefunden haben kann. Denn die Ereignisse, die damals tatsächlich stattgefunden haben, ähneln frappierend den Schilderungen in der Bibel. Daher werde ich zum besseren Verständnis in Kapitel 5 schildern, was zu diesem Zeitpunkt tatsächlich geschah. Ich möchte dabei ausdrücklich betonen, dass die geschilderten Ereignisse keine Spekulation oder Fiktion sind sondern auf belegbaren Tatsachen beruhen.

(Quellen: Bibelzitate: Internet: Hoffnung für Alle (hope for all),Copyright by Biblica Inc., Kritias: www.atlantis-scout.de, Copyright: Jun 2005 Thorwald C.Franke, Übersetzt von Hieronymus Müller 1857)

Göttervater Zeus

Kapitel 4:
Die Lage von Atlantis

Hierzu sagt Timaios:

„Damals war nämlich dieses Meer schiffbar; denn vor dem Eingange, der, wie ihr sagt, die Säulen des Herakles heißt, befand sich eine Insel, größer als Asien und Libyen zusammengenommen, von welcher den damals Reisenden der Zugang zu den übrigen Inseln, von diesen aber zu dem ganzen gegenüberliegenden Festland offenstand. Denn das innerhalb jenes Einganges, von dem wir sprechen, Befindliche erscheint als ein Hafen mit einer engen Einfahrt, jenes aber wäre wohl wirklich ein Meer, das es umgebende Land aber mit dem vollsten Rechte ein Festland zu nennen. Auf dieser Insel Atlantis vereinte sich auch eine große, wundervolle Macht von Königen, welcher die ganze Insel gehorchte sowie viele andere Inseln und Teile des Festlandes, außerdem herrschten sie auch innerhalb, hier in Libyen bis Ägypten, in Europa aber Tyrrhenien."

In seinem Werk Timaios schildert Platon hier also die Größe, Lage und den Herrschaftsbereich von Atlantis.

Er unterscheidet dabei eindeutig zwischen diesseits und jenseits der Säulen des Herakles. Diese stellen den Zugang zum Mittelmeer dar welches Platon im Vergleich zum „Wahren Meer" nur als eine Art Hafen betrachtet dessen enge Zufahrt die Meerenge von Gibraltar darstellt (die Säulen des Herakles). Atlantis lag jedoch jenseits dieser Meerenge im wahren Meer womit demnach der Atlantik gemeint war. Bemerkenswert ist, dass Atlantis und andere Inseln es ermöglichten sicher zu einem Festland gegenüber des Atlantiks zu reisen. Demnach war man zu Platons Zeit der Meinung, dass es jenseits des Atlantiks ein Festland gab. Platon unterscheidet dabei ganz klar zwischen der riesigen Insel Atlantis und einem Festland. Heutzutage wissen wir natürlich, dass das von Platon erwähnte Festland wirklich existiert, es handelt sich um den amerikanischen Doppelkontinent. Wenn Platon in diesem Punkt die realen Gegebenheiten schildert, dürfen wir dann nicht auch davon ausgehen, dass er dies auch in Bezug auf Atlantis tat?

Um die räumliche Lage von Atlantis angeben zu können ist es auch von Wichtigkeit seine zeitliche Verortung vorzunehmen. Da im Laufe von Jahrtausenden sich das Gesicht der Erde verändert hat, kann dies auch zur Definition der räumlichen Lage von Atlantis von Bedeutung sein.

Die möglicherweise einzige Überlieferung hierzu wurde vom Philosophen Platon im antiken Griechenland vor ungefähr 2500 Jahren veröffentlicht. Dieser hatte jedoch sein Wissen von seinem Vorfahren Solon, einem Staatsmann, der einige Jahre am ägyptischen Hof verbrachte, wo er sich mit einem einflussreichen Priester anfreundete. Von ihm wurde er auf die Geschichte um Atlantis aufmerksam gemacht. Sein Wissen ergänzte Solon dann durch Nachforschungen in den damals noch existierenden ägyptischen Bibliotheken. Die daraus resultierenden schriftlichen Aufzeichnungen nahm er bei seiner Rückkehr mit nach Griechenland. Dort wurden Sie Jahrzehnte später von Platon widerentdeckt und er verwendete Sie um daraus seine Werke „Timaios und Kritias" zu schaffen.

Dort datiert Platon den Untergang von Atlantis auf etwa 9000 Jahre vor seiner Zeit, was bedeuten würde, dass die Flutkatastrophe sich vor etwa 11500 Jahren abspielte.!

Diese frühe Datierung wird jedoch gerne angezweifelt, da man annimmt, dass zu diesem Zeitpunkt noch keine hochstehende Kultur wie die von Platon beschriebene existiert haben kann. Stattdessen ist die vorherrschende Meinung die, dass die Menschen zur damaligen Zeit ihr Leben in primitiven Höhlenbehausungen fristeten, wo Sie in Tierhäute gewandet sich um Lagerfeuer scharten.

Dennoch muss es parallel hierzu eine fortschrittliche Zivilisation gegeben haben. So wurde in der Türkei, auf dem Göbekli Tepe ein Gebäudekomplex ausgegraben, dem die vorsichtigen Schätzungen der Archäologen ein Alter von ebenfalls 11500 Jahren zugestehen. Diese als Tempelanlagen eingestuften Bauwerke sind von einer solchen handwerklichen Qualität, dass Sie den Gebäuden eines antiken Roms oder Athens in nichts nachstehen. Eine solch bemerkenswerte Baukunst ist sicherlich nicht aus dem Nichts entstanden, sondern beruht auf einer mindestens mehrere Jahrhunderte andauernden Entwicklung.
Nicht zuletzt deswegen möchte ich annehmen, dass die von Platon angegebene Datierung zutreffend ist.
Dieses Datum nämlich fällt zusammen mit dem Ende der letzten großen Eiszeit, was bedeuten würde, dass die Blütezeit von Atlantis eben während der Eiszeit war. Vorausgesetzt, dass diese Annahme richtig ist, würde sich die räumliche Lokalisierung dieser

geheimnisvollen Insel stark vereinfachen. Denn damals war in den gigantischen Eispanzern, welche große Teile der Erdoberfläche bedeckten eine solch unvorstellbar große Menge Wassers gebunden, dass unter Anderem das Mittelmeer und das Schwarze Meer gar nicht existierten. Insofern käme für die Lage einer großen Insel nur eines der Weltmeere in Frage. Eine Lage von Atlantis im Mittelmeer käme demnach gar nicht in Betracht, eben weil das Mittelmeer erst später durch die Schmelzwasser der eiszeitlichen Gletscher entstand.

Pierre Vidal-Naquet, ein Forscher, der beweisen möchte, dass Atlantis nie real existierte sondern eine reine Fiktion darstellt, schreibt dennoch in seinem Buch zum Thema, über dessen Lage, indem er seinerseits Platon zitiert: „Das im Timaios geschilderte Atlantis ist „eine Insel größer als Asien und Lybien zusammengenommen" und liegt vor den „ Säulen des Herakles" (der Straße von Gibraltar) im „ wahren Meer" und nicht „ wie Frösche in einem Sumpf" wie es im Phaidon heißt, also in jenem Gewässer, das wir das Mittelmeer nennen." -----------
Also auch ein Autor, der davon überzeugt ist, dass Atlantis nicht wirklich existiert hat, bestätigt, dass vor

der Straße von Gibraltar und nicht im Mittelmeer jene geheimnisvolle Insel gelegen haben soll.

Aus der Perspektive eines antiken griechischen Philosophen gesehen lag hinter den „Säulen des Herakles" wohl der Atlantik.

Die geographische Breite von Atlantis könnte demzufolge auf der Höhe zwischen Nordafrika und der iberischen Halbinsel gelegen haben. Die Lage in Ost - West- Richtung währe auf halben Weg zwischen Afrika und Europa auf der einen Seite und dem amerikanischen Doppelkontinent auf der anderen Seite zu suchen.

Die Lage der Insel Atlantis währe hiermit also hinlänglich geklärt.

Jedoch besteht die Möglichkeit, dass es darüber hinaus auch ein atlantisches Imperium gegeben hat.

Donnelly, einer der ersten Atlantisforscher neuerer Zeit stellte die Theorie auf, dass die Bewohner von Atlantis große Teile der Welt eroberten bzw. Kolonien gründeten. Laut Donnelly hat sich das atlantische Imperium von Mittel- und Südamerika über den Mittelmeerraum bis nach Indien erstreckt. Demzufolge könnte Atlantis fast überall auf der Welt gewesen sein. Möglicherweise ist dies der Grund dafür, dass es so viele verschiedene Theorien zu diesem Thema gibt.

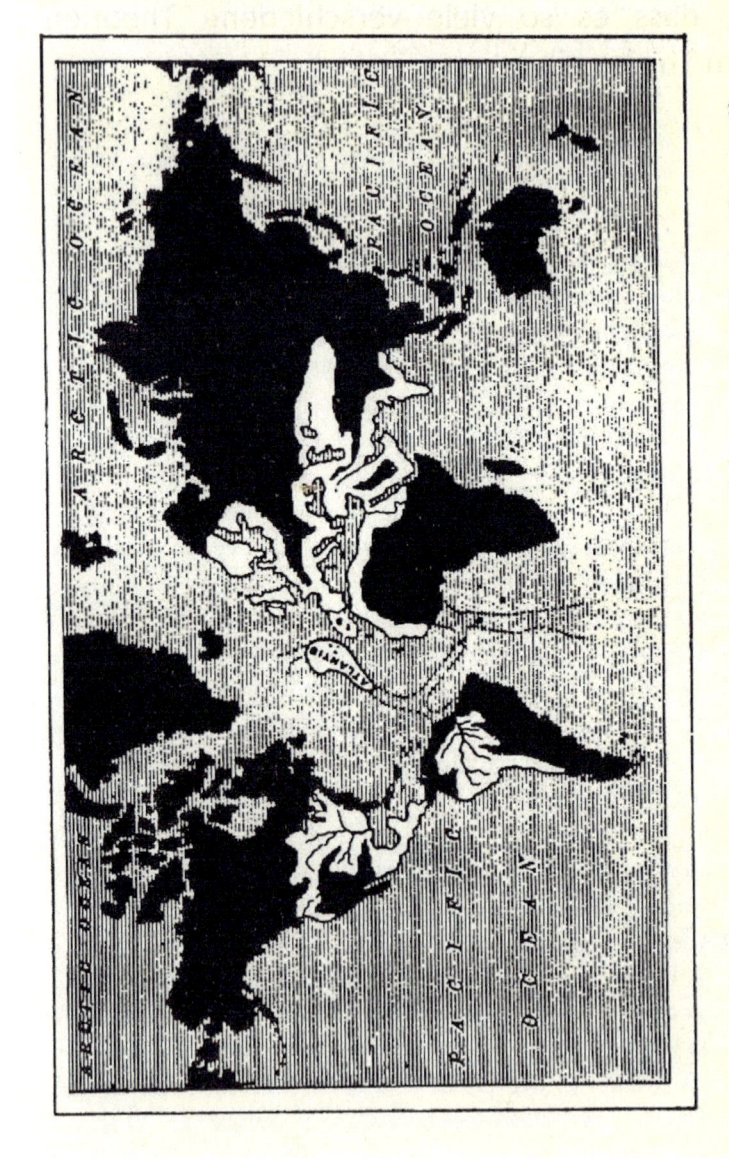

Die atlantische »koloniale« Ausbreitung über die Welt, wie Donnelly sie sich vorstellte.

Z.B. soll die antike ägyptische Hochkultur ebenso wie die minoische Kultur aus einer atlantischen Kolonie hervorgegangen sein und selbst die frühe indische Kultur könnte darauf zurück zu führen sein.
Immerhin gibt es in Indien, im Gegensatz zu Ägypten wo die meisten antiken Überlieferungen verloren gegangen sind oder zerstört wurden, noch vielfältige schriftliche Zeugnisse einer sehr alten Hochkultur.
Wenn man jedoch Platons Überlieferungen zu Rate zieht, soll es neben dem atlantischen Imperium, unabhängig davon, auch schon einen Vorläufer des Stadtstaates Athen gegeben haben, das sogenannte Ur-Athen.
Auch in Indien ist in den alten Überlieferungen von einer antiken Hochkultur die Rede. Dvaraka, eine Stadt, die vom Gott Krishna gegründet wurde, ist, ähnlich wie es von Atlantis angenommen wird im Meer versunken.

Donnellys Theorien waren überzeugend genug, dass sie als Grundlage für viele weitere Forschungen dienten und bis heute dienen. Ein Indiz für die Annahme, dass es einstmals ein atlantisches Weltreich gegeben haben könnte ist der überall auf der Welt auftretende Götterglaube. Dieser existierte nicht nur im alten Ägypten, sondern ebenso bei den

mittelamerikanischen Hochkulturen der Maja oder Inka bis hin zum antiken Indien und China. Und vergessen wir nicht die Göttersagen der alten Germanen und Kelten.
Ich möchte mich jedoch nicht an Spekulationen beteiligen, woher eine frühe weltumspannende Zivilisation gekommen sein könnte noch darüber ob sie je existiert hat. Dennoch finde ich es faszinierend, dass die Möglichkeit besteht, dass es sie gegeben haben könnte. Ich bin der Überzeugung, dass es sie gegeben haben muss, weil für mich die Existenz von Atlantis eine Tatsache darstellt. Und wenn Atlantis wirklich existiert hat, muss natürlich auch eine dazugehörige Hochkultur existiert haben.

Eine weitere Gemeinsamkeit aller antiken Hochkulturen sind Überlieferungen, die von einer unvorstellbaren Naturkatastrophe künden. Von gewaltigen Überflutungen, die gar die ganze Welt betraffen ist hierbei die Rede. Den wohl bekanntesten Bericht über ein solch verheerendes Ereignis finden wir im heiligen Buch der Christen, der Bibel, oder genauer gesagt im Alten Testament. Eine Bestätigung dieser Geschichte findet sich im Gilgamesch – Epos wo sie fast identisch widergegeben wird. Aber nicht nur dort, sondern fast überall auf der Welt finden sich in den uralten Überlieferungen der Völker Hinweise auf verheerende Flutkatastrophen, welche den überwiegenden Teil der Menschheit ausgerottet haben sollen.

Parallelen zur Atlantislegende sind nicht nur durch die ungeheuren Mengen Wassers, die hierbei eine gewichtige Rolle spielen, zu sehen. Nein, auch der Aspekt, dass in beiden Fällen die Menschen durch ihr sündiges Treiben den Unmut Gottes (oder der Götter) auf sich zogen sodass dieser beschloss die Menschheit fast vollständig auszulöschen stellt eine nicht zu bestreitende Übereinstimmung dar.

(Randbemerkung: Welcher Gott war eigentlich so grausam fast alle Menschen auszurotten? War der Mensch nicht Gottes Geschöpf? Lautet nicht eins der 10 Gebote: Du sollst nicht töten! Sollte der Gott an den wir glauben nicht gütig und friedliebend sein?)

Könnte es womöglich sein, dass die im Alten Testament beschriebenen Geschehnisse eigentlich den Untergang von Atlantis beschrieben, oder dass beide Ereignisse dieselbe Ursache hatten? Falls dies der Fall sein sollte, würde dies bedeuten, dass auch die Sintflut in jene frühe Zeit zu datieren ist. Allerdings

haben Bibelexperten berechnet, dass die Sintflut (laut den Angaben im Alten Testament) lediglich 2349 Jahre vor Christi Geburt stattgefunden hat, was natürlich nicht zu den Angaben passt, welche Platon für den Untergang von Atlantis überliefert hat.
Ich möchte keinesfalls bezweifeln, dass die Aussagen im Alten Testament richtig sind, jedoch gebe ich zu bedenken, dass die Datierungen die dort gemacht wurden nicht mit heutigen Maßstäben zu betrachten sind. Am deutlichsten wird dies wohl, wenn wir an die Schöpfungsgeschichte denken, worin die Zeitangaben sich doch sehr stark auch von den vorsichtigsten Schätzungen der Wissenschaftler unterscheiden.

(Randbemerkung: Ein einfacher Grund dafür warum die
Zeitangaben im Alten Testament von der wissenschaftlichen Lehrmeinung abweichen könnte sein, dass es in früheren Jahrtausenden in der Region in der die biblischen Geschichten spielen eine andere Art von Zeitrechnung, einen anderen Kalender gab. Der heute gebräuchliche Kalender beruht auf der Länge eines Sonnenjahres zu 365 Tagen. Die tatsächliche Länge eines Jahres beträgt jedoch 365,25 Tage. Dadurch ergibt sich eine Ungenauigkeit von einem ganzen Tag alle vier Jahre. Um diese auszugleichen ist

es notwendig in jedem vierten Jahr einen Schalttag einzufügen. Vermieden werden könnte eine solche Vorgehensweise, durch einen Kalender, der sich nicht an der Länge eines Sonnenjahres orientiert, sondern an dem periodischen Erscheinen bestimmter Sternenkonstellationen am Himmel. Die Menschen im antiken China haben solchen Sternbildern Tiernamen gegeben und mit Hilfe dieser Tierkreiszeichen einen Kalender mit einem 12-Jährigen Zyklus erstellt.

Im Bild unten wird der Zugang zu einem megalithischen Bauwerk auf Sardinien zu sehen, das mindestens 3500 Jahre alt ist. Es wurde so konstruiert, dass es wohl nur einem einzigen Zweck gedient haben muss. Es konnte nämlich nur ein einziges astronomisches Ereignis damit beobachtet werden. Dabei handelt es sich um die große Mondwende. Sie *findet nur alle 16,8 Jahre statt und es ist dabei zu beobachten, dass der Mond scheinbar mehrere Stunden stillsteht, bevor er weiterwandert.*

Warum unsere Vorfahren so großen Wert darauf legten, genau dieses Himmelsereignis so präzise zu beobachten, lässt sich vermutlich heute nicht mehr nachvollziehen. Fest steht nur, dass um ein solches Bauwerk zu errichten profunde astronomische Kenntnisse von Nöten waren und Jahrhunderte lange Beobachtungen vorausgegangen sein mussten. Jedenfalls ist ein astronomisches Ereignis, dass sich über Jahrtausende in immer gleichen, präzisen Abständen wiederholt, dazu geeignet, um damit die Grundlage für einen exakten Kalender zu legen.

Niemand wird angesichts der archäologischen Artefakte, die Weltweit zu finden sind, bezweifeln, dass unsere Vorfahren dazu in der Lage waren. (z.B.: Stonhenge).
Beim sehr präzisen Kalender der alten mittelamerikanischen Hochkulturen sind sogar Zeitabschnitte von 144 Jahren gebräuchlich. Und es ist sicherlich kein Zufall, dass auch in der Zahl 144 die 12 eine Rolle spielt: denn 12 x 12 = 144.

Eine andere Möglichkeit einen hinlänglich genauen Kalender zu erhalten ist es jeweils vier Sonnenjahre zu einem Kalenderjahr zu vereinen. Ein solches Jahr hätte dann 365,25 x 4 = 1461 Tage, wobei die Einführung eines Schalttages überflüssig wäre. Da viele antiken Völker sehr großen Aufwand betrieben um die Gestirne zu beobachten, ist es sehr wahrscheinlich, dass Sie die genaue Länge eines Sonnenjahres kannten, sodass die Idee auf diese Art und Weise eine genaue Zeiteinteilung zu erhalten durchaus naheliegend gewesen sein muss.

Da es durchaus nicht auszuschließen ist, dass ein dermaßen sinnvoller Kalender einmal existierte, möchte ich einmal spekulieren, dass die Zeitangaben im Alten Testament einem Kalendarium dieser Art zu Grunde liegen. Dies würde auf die Zeitangaben im Alten Testament ein ganz neues Licht werfen, denn wir müssten dann alle Datierungen mit dem Faktor vier multiplizieren. Daraus ergibt sich dann für den Zeitpunkt der Sintflut, dass sie 2349 x 4 = 9396 Jahre vor Christus oder vor 9396 + 2022= 11418 Jahren stattfand. Dies würde bedeuten, dass es eine Übereinstimmung mit den ungefähren Angaben die Platon zum Untergang von Atlantis machte gibt. Der Grund dafür, dass ich so großen Wert lege auf die Feststellung, dass es zwischen beiden Ereignissen eine

terminliche Übereinstimmung geben muss, liegt darin, dass es mit großer Wahrscheinlichkeit einen ursächlichen Zusammenhang hierfür gibt.
----- Ende Der Randbemerkung.)

Es ist vermutlich nicht möglich, heute noch wissenschaftlich stichfeste Beweise zu erbringen, ob für die Geschichten des Alten Testaments eine andere Zeitrechnung anzuwenden ist als es unser heute üblicher Kalender vorgibt. Dennoch gibt es gute Gründe anzunehmen, dass die Sintflut nur am Ende der letzten großen Eiszeit stattgefunden haben kann. Denn die Ereignisse, die damals tatsächlich stattgefunden haben, ähneln frappierend den Schilderungen in der Bibel. Daher werde ich zum besseren Verständnis im nächsten Kapitel schildern, was zu diesem Zeitpunkt tatsächlich geschah. Ich möchte dabei ausdrücklich betonen, dass die geschilderten Ereignisse keine Spekulation oder Fiktion sind sondern auf belegbaren Tatsachen beruhen.

Zuvor möchte ich noch einmal aus den alten Überlieferungen zitieren, denn dort wird dargelegt, dass sowohl der Untergang von Atlantis, als auch die Sintflut keine zufälligen Ereignisse waren, sondern von

Gott oder den Göttern gezielt herbeigeführt wurden. Aus Gründen der Vollständigkeit möchte ich die Zitate, welche ich teilweise weiter oben schon einmal angeführt habe nochmals in Erinnerung rufen:

Kritias:

„Viele Geschlechter hindurch, solange noch irgend die Natur des Gottes in ihnen (den Menschen) wirksam war, waren sie den Gesetzen gehorsam und zeigten ein befreundetes Verhalten gegen das ihnen verwandte göttliche. Denn sie besaßen wahrhafte und durchgehen große Gesinnungen, indem sie eine mit Klugheit gepaarte Sanftmut allen etwaigen Wechselfällen des Schicksals gegenüber, so wie gegen einander an den Tag legten, und da sie eben deshalb alles andere außer der Tugend für wertlos ansahen, so achteten sie alle vorhandenen Glücksgüter gering und betrachteten mit Gleichmut und mehr wie eine Last die Masse ihres Goldes und ihre übrigen Besitztümer und nicht kamen sie, berauscht von dem Schwelgen in

ihrem Reichtum, so dass sie durch ihn die Herrschaft über sich selbst verloren hätten, zu Fall, sondern erkannten mit nüchternem Scharfblick, dass dies alles durch die gemeinsame Freundschaft im Verein mit der Tugend sein Gedeihen empfängt, durch den Eifer und das Streben nach ihm dagegen nicht bloß selber entschwindet, sondern auch jene mit sich zugrunde richtet. In Folge dieser Grundsätze und der fortdauernden Wirksamkeit der göttlichen Natur in ihnen gedieh ihnen denn das alles, was ich euch vorhin mitgeteilt habe. Als aber ihr Anteil am Wesen Gottes durch die vielfache und häufige Beimischung des Sterblichen in ihnen zu schwinden begann, und die menschliche Art überwog, da erst waren sie dem vorhandenen Reichtum nicht mehr gewachsen und entarteten und erschienen dem, welcher es zu erkennen vermochte, niedrig, indem sie von allem, was in Ehren zu stehen verdient, gerade das Schönste zu Grunde richteten, denen aber, die ein wahrhaft zur Glückseligkeit führendes Leben nicht zu erkennen im Stande waren, schienen sie damals erst recht in aller Herrlichkeit und Seligkeit dazustehen, als sie ungerechten Gewinn und unrecht erworbene Macht im Überfluss besaßen. Der Gott der Götter aber, Zeus, welcher nach den Gesetzen herrscht und solches wohl zu erkennen vermag, beschloss, als er ein treffliches

Geschlecht so schmählich heruntergekommen sah, ihnen Strafe dafür aufzulegen, damit sie, durch dieselbe zur Besinnung gebracht, zu einer edleren Lebensweise zurückkehrten. Er berief daher alle Götter an ihrem ehrwürdigsten Wohnsitz zusammen, welcher in der Mitte des Weltalls liegt und eine Überschau aller Dinge gewährt, welche je des >Werdens teilhaftig wurden, und nach dem er sie zusammenberufen hatte, sprach er……."

Da an dieser Stelle Platons Überlieferung leider endet, ist der vermutlich interessanteste Teil leider verloren gegangen. Glücklicher Weise liefert uns das Alte Testament eine sinnvolle Fortsetzung der Geschichte.

Altes Testament:

„Der Herr sah, dass die Menschen voller Bosheit waren. Jede Stunde, jeden Tag ihres Lebens hatten sie nur eines im Sinn: Böses planen, Böses tun. Der Herr war tieftraurig darüber und wünschte, er hätte die Menschen nie erschaffen.
„Ich werde die Menschen, die ich gemacht habe wieder vernichten." „Ja, nicht nur die Menschen – auch die Tiere auf der Erde, von den größten bis zu den kleinsten, und ebenso die Vögel im Himmel. Es wäre

besser gewesen, ich hätte sie gar nicht erschaffen."
Nur Noah fand Gnade beim Herrn. Noah war ein rechtschaffener Mensch – ganz im Gegensatz zu seinen Zeitgenossen. Er ging seinen Weg mir Gott und hörte auf ihn. Die übrige Menschheit aber war vollkommen verdorben, die Erde erfüllt von Gewalt. Wohin Gott auch sah: Überall herrschte Unrecht, denn die Menschen waren alle vom rechten Weg abgekommen. Da sprach Gott zu Noah: „Ich habe beschlossen, alles Leben auf der Erde zu vernichten, denn wo man auch hinsieht, herrscht Grausamkeit. Darum werde ich alles auslöschen!..... Denn mein Plan steht fest: Mit einer großen Flut werde ich die ganze Erde überschwemmen, so dass Mensch und Tier darin umkommen Kein Lebewesen soll verschont bleiben."

Soweit also die alten Überlieferungen. Die frappierenden Ähnlichkeiten beider Geschichten sind wohl nicht zu bestreiten?

(Randbemerkung: Im obigen Zitat, aus Platons Werk, dessen Übersetzung aus dem 19. Jahrhundert stammt, sind einige erstaunliche Umstände geschildert, dessen eigentliche Bedeutung uns erst in der heutigen Zeit klargeworden ist. Es wird nämlich nichts Anderes

gesagt, als dass die Rasse der „Götter" und die ursprüngliche Menschenrasse sich paarten, woraus eine neue Menschenrasse (in der Bibel Gottessöhne genannt) entstand, bei der das Göttliche Genom zunächst dominierte, was sich wohl auch positiv auf den Charakter auswirkte. Erst im Laufe der folgenden Generationen, wobei sich diese neue Rasse immer häufiger mit der ursprünglichen Menschenrasse vereinigte, verlor sich die Dominanz der göttlichen Gene und dies hatte demnach auch negativen Einfluss auf den Charakter. Ich vermute, dass jeder heutige Genforscher genau verstehen würde, was hier vor Jahrtausenden geschildert wurde und könnte die Stimmigkeit dieser Vorgänge mit den modernen gentechnologischen Kenntnissen bestätigen.- Ende der Randbemerkung).

„Es kam die Zeit, da ließen die Herrscher der Finsternis einen furchtbaren Regen niedergehen. Ich sah mir das Wetter an; das Wetter war fürchterlich anzusehen... Als der morgen erschien, stieg schwarzes Gewölk auf. Alle bösen Geister wüteten, alle Helligkeit war verwandelt in Finsternis. Es brauste der Südsturm, die Wasser brausten dahin, die Wasser erreichten schon das Gebirge, die Wasser fielen über alle Leute... Sechs Tage und sechs Nächte rauschte der Regen wie Sturzbäche. Am siebenden Tag ließ die Sturmflut nach. Es war eine Stille wie nach einer Schlacht. Das Meer wurde ruhig, und der Sturm des Unheils war still. Ich blickte nach dem Wetter, da war es gar stille geworden. Ein ödes Einerlei war der Boden der Erde..."

Aus dem Gilgamesch-Epos

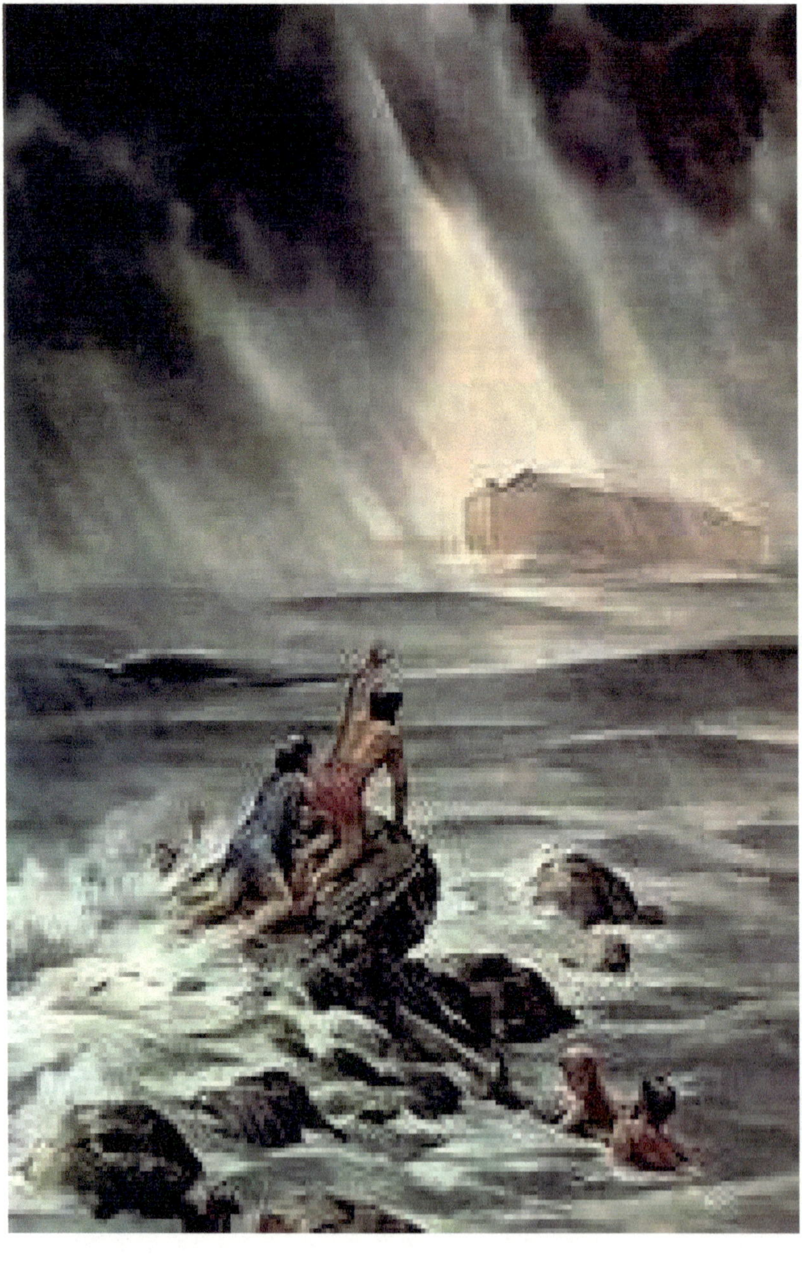

Kapitel 5:
Die große Flut

Zunächst die Ausgangssituation:

Während der Eiszeit waren große Teile der Erde mit mächtigen Eispanzern bedeckt. Diese sollen nach heutigem Wissensstand in Nordamerika 3000 m dick gewesen sein und in Europa immerhin noch 1500 m.
Es waren also ungeheure Mengen Wassers in gefrorenem Zustand in diesen Gletschern gebunden. Um zu veranschaulichen, von welchen Größenordnungen hier die Rede ist möchte ich ein paar Zahlenbeispiele anführen.
Wir müssen uns vorstellen, dass auf jedem einzelnen Quadratmeter Grundfläche sich ein 1500 m hoher Turm aus gefrorenem Wasser befand. Dies entspricht also 1500 Kubikmeter oder 1500000 Liter Wasser.
Auf einen Quadratkilometer umgerechnet entspricht dies also 1500000000 Kubikmeter oder 1500000000000 Liter. Diese bereits gigantische Zahl wird noch unvorstellbarer wenn wir bedenken, dass Millionen Quadratkilometer von solch einer Eisschicht bedeckt waren. Ich nenne diese Zahlen deswegen, weil es von imenser Wichtigkeit ist zu verstehen, von welch unvorstellbaren Dimensionen hier die Rede ist.

Wichtig ist dabei die Tatsache, dass Wasser, welches in gefrorener Form vorliegt, logischerweise nicht gleichzeitig in flüssiger oder gasförmiger Form existieren kann. Es geht eben nur entweder, oder, beides gleichzeitig ist unmöglich. Man kann sich wohl ohne allzu viel Phantasie vorstellen, dass aufgrund der immensen Menge des in gefrorener Form gebundenen Wassers das Schwarze Meer, das Mittelmeer und auch Nord- und Ostsee noch gar nicht existiert haben können.

Ebenso war der Wasserspiegel der Weltmeere (Atlantik und Pazifik) um mehr als 100 m niedriger als heute. Daher bildete die heutige Straße von Gibraltar eine natürliche Barriere zwischen dem Atlantik und dem Becken des Mittelmeers.

Die Lufttemperatur soll damals etwa 8 bis 12 °C niedriger gewesen sein als sie heute ist. Es herrschte also im Mittelmeerraum und in Nordafrika ein angenehm mildes Klima, etwa so, wie es heute in Mitteleuropa ist.

Die in jener Zeit dort lebenden Menschen hatten es wohl mit einer fruchtbaren, von Flüssen durchzogenen Landschaft zu tuen die ihnen die besten Voraussetzungen für ein angenehmes Leben und zur Entwicklung einer hochstehenden Zivilisation bot.

Noch heute kann man auf Luftaufnahmen, die von den Wüstengebieten Nordafrikas gemacht wurden erkennen, dass sie einstmals von mächtigen Strömen durchflossen wurden. Hierzu gehört eben auch eine fruchtbare von üppiger Vegetation geprägte Landschaft, denn in einer Wüste gibt es allenfalls Oasen und Wasserlöcher jedoch keine ausgeprägten Flussläufe.
Wir dürfen also in jener Zeit für die Mittelmeerregion fast schon paradiesisch zu nennende Lebensbedingungen voraussetzen, welche hervorragend geeignet waren das Entstehen einer hochstehenden Zivilisation zu begünstigen.

Wir wissen nicht mit absoluter Gewissheit, was jenen Klimawandel verursacht hat, der schließlich zum Ende der Eiszeit geführt hat. Wir wissen nicht ob sich dieser Klimawandel allmählich vollzog oder ob es ein plötzliches Ereignis war. Sicher ist nur, dass er stattfand.

Ich selbst habe das Privileg in meiner Wahlheimat „ Biberach an der Riß „ in einer Landschaft zu leben welche von der Eiszeit geprägt wurde. Die Riß ist heute ein eher schmales Flüßlein, das nach wenigen Kilometern in die Donau mündet. Das Rißtal jedoch ist breit und tief genug, dass die gesamte Biberacher Altstadt bequem darin Platz gefunden hat. Es wurde ausgewaschen von den Schmelzwassern der letzten Eiszeit und wird von den Geologen als Urstromtal bezeichnet.

Ja, ein mächtiger Strom muss die Riß damals wohl gewesen sein und da sie in die Donau mündet, muss auch die Donau mindestens genau so gigantisch gewesen sein.

Ein Blick über die Dächer von Biberachs Altstadt von einem Ufer des Urstromtals aus. Im Hintergrund ist das gegenüberliegende Ufer zu sehen.

Allerdings münden in die Donau noch eine Vielzahl anderer Flüsse. Zum Beispiel auf dem Stadtgebiet von Ulm fließt die Iller zur Donau hin. Direkt danach erreicht die Donau bayrisches Gebiet, wo bekanntermaßen noch mehrere andere Flüsse in die Donau münden. Wenn all diese Flüsse damals mächtige Schmelzwasserströme waren, muss die Donau solch gigantische Ausmaße angenommen haben, dass selbst der Amazonas vor Neid erblassen müsste. In einem besonders warmen Sommer werden derart große Mengen an Schmelzwasser angefallen sein, dass große Teile Bayerns einem Binnenmeer geglichen haben.

Also Land unter in Bayern. Lag Atlantis etwa in Bayern? Aber Spaß beiseite, natürlich ist Bayern im Gegensatz zu Atlantis wider aus den Fluten aufgetaucht bzw. floss das Wasser weiter ins Meer. Immerhin ist es nicht völlig ausgeschlossen, dass auch in Bayern zur damaligen Zeit eine hochstehende Kultur existierte. Eventuelle Beweise hierfür müssten unter einer etliche Meter dicken Sedimentschicht zu finden sein. Falls Donnellys Theorien richtig sind, könnte es durchaus sein, dass auch Bayern teil eines atlantischen Weltreichs war.

Die Donau jedenfalls setzte ihre Reise fort bis in jene Gegend, wo wir heute das Schwarze Meer finden, das damals entstand.

Mit Sicherheit fielen damals überall auf der Welt solch große Schmelzwassermengen an. In einem besonders warmen Sommer werden die Wassermassen wohl noch bedeutend üppiger gewesen sein als in einem durchschnittlichen Jahr. Das bedeutet, dass zeitweise sehr große Gebiete der Erde überflutet waren. Und da warme Luft in der Lage ist sehr viel mehr Feuchtigkeit aufzunehmen als kühle Luft, muss von dieser gigantischen Wasseroberfläche ständig eine riesige Menge Wassers verdunstet sein. Es ist also keineswegs abwegig anzunehmen, dass es zu langanhaltenden und sehr heftigen Regenfällen kam, die durchaus ein Ausmaß angenommen haben können, das weit über das übliche Maß hinausging. Zusammen mit den auf Grund der sommerlich warmen Temperaturen besonders hohen Menge an Schmelzwasser führte dies unausweichlich zu besonders gewaltigen Überflutungen.

Dieses Szenario entspricht frappierend genau den Schilderungen des Alten Testaments über den Verlauf der Sintflut. Daher bin ich der festen Überzeugung, dass die Sintflut genau in jene Zeit zu datieren ist. Skeptiker werden zu bedenken geben, dass es in der Erdgeschichte möglicherweise noch andere Ereignisse gegeben haben mag, die eine solche Naturkatastrophe hätte auslösen können, jedoch ist das Ende der letzten Eiszeit mit Abstand am besten dazu geeignet, da eben zu keinem anderen Zeitpunkt ein solch unbegreifliches Volumen an Wasser sich über die Erdoberfläche bewegte. Kein späteres Ereignis erreichte auch nur im Entferntesten ein solches Ausmaß.

Jedenfalls flossen die Wassermassen ständig weiter in Richtung der Meere und liesen schließlich den Meeresspiegel um mehr als 100 m ansteigen und füllten das Becken des Mittelmeers und des Schwarzen Meers. In Bayern und den anderen Alpenländern sind Seen wie der Chiemsee, der Starnberger See und etwa die Schweizer Seen nur noch kärgliche Überreste jener Überflutungen. Das Gleiche trifft auf die großen Seen an der Grenze zwischen den USA und Kanada zu, welche auch heute noch ein beeindruckendes Ausmaß besitzen. Andere Überreste der eiszeitlichen Überschwemmungen wurden im Laufe der Jahrtausende von der Natur überwuchert und es entstanden ausgedehnte Sumpf- und Moorlandschaften. Gerade in meiner Heimat

Oberschwaben gibt es noch eine Vielzahl solcher Riedlandschaften. So ist z.B. der Federsee, welcher bei dem Städtchen Bad Buchau liegt ein Riedsee, welcher noch in geschichtlicher Zeit sehr viel größer war als heutzutage. Der größte Teil ist heute von Schilf überwuchert, welches jedoch einer Vielzahl von Tierarten eine Heimat bietet. Jedem Naturfreund sei ein Besuch des Federsees empfohlen.

Start
und
Ziel
Federsee
Alleshausen
Seekirch
Tiefenbach
Moosburg
Brackenhofen
Oggelshausen
BAD BUCHAU
Naturschutz-
gebiet
Lehle
Hungerberg
Fischerhaus
Dullenried
Allgemeine
Ried
0.5
1
1.5
2

Bild oben:

Auf dem Bild ist die heutige Größe des Federsees zu erkennen. Anhand der Lage der ihn umgebenen Ortschaften lässt sich erahnen, dass der See noch in geschichtlicher Zeit sehr viel größer war.
Heutzutage wird er von einem breiten Schilfgürtel umgeben der einer Vielzahl von Tieren Schutz und Lebensraum bietet.

Der Federsee, ein Relikt der Überflutungen durch die Schmelzwasser der Eiszeit. Heute ein Refugium für Naturfreunde.

Der Chiemsee, ein Überrest der Überschwemmungen zum Ende der letzten Eiszeit lässt noch erahnen, wie Bayern damals ausgesehen hat.

Natürlich könnte man sagen, dass ein Anstieg des Meeresspiegels um mehr als 100 m ausreicht um gar manche Insel in den Fluten versinken zu lassen. Und doch wird eine so große Insel wie es Atlantis gewesen sein soll durchaus nicht völlig überflutet worden sein, schließlich sind auch von den Kontinenten nur verhältnismäßig kleine Flächen betroffen.
Atlantis jedoch soll nicht nur überflutet worden, sondern regelrecht versunken sein. Der Anstieg des Meeresspiegels ist demnach nur ein Teil der Wahrheit. Die ganze Wahrheit ist jedoch weitaus spektakulärer.
Wie es zum tatsächlichen Versinken von Atlantis kommen konnte, das möchte ich im nun Folgenden darlegen. Vorab möchte ich jedoch noch einmal Platon zu Wort kommen lassen.

Dieser berichtet von einer Begegnung Solons mit einem ägyptischen Priester, der ihm erklärte: „Jung in den Seelen seid ihr alle: denn ihr hegt in ihnen keine alte, auf altertümliche Erzählungen gegründete Meinung noch ein durch die Zeit ergrautes Wissen. Davon liegt aber darin der Grund. Viele und mannigfache Vernichtungen der Menschen haben stattgefunden und werden stattfinden, die Bedeutendsten durch Feuer und Wasser, andere, geringere, durch tausend andere Zufälle. Das

wenigstens, was auch bei euch erzählt wird, dass einst Phaeton, der Sohn des Helios, der seines Vaters Wagen bestieg, die Oberfläche der Erde, weil er die Bahn des Vaters einzuhalten unvermögend war, durch Feuer zerstörte, selbst aber, vom Blitze getroffen, seinen Tot fand, das wird wie ein Märchen berichtet; das Wahre daran beruht aber auf der Abweichung der am Himmel um die Erde kreisenden Sterne und der nach langen Zeiträumen stattfindenden Vernichtung des auf der Erde Befindlichen durch mächtiges Feuer.
„

Die Ausführung des ägyptischen Priesters, der offenbar der Meinung war, dass die Sonne und die Planeten die Erde umkreisen können wie folgt interpretiert werden: die Sonne (Helios) fing durch ihre Anziehungskraft einen Kometen, also einen Schweifstern (Phaeton der Sohn des Helios) ein und zwang ihn in eine Umlaufbahn um die Sonne. Da er sich jedoch nicht in diesem Orbit (seines Vaters Wagen) halten konnte wurde er schließlich auf Kollisionskurs mit der Erde gebracht. Hierbei mag auch eine besonders ungünstige Konstellation der Planeten eine Rolle gespielt haben.
Bei diesem Zusammenstoß wurde er selbst zerstört

(fand seinen Tot) und brachte durch Feuer auch den Tot für viele Menschen.

Der Einschlag dieses Meteoriten könnte die Zerstörung eines ersten Teils von Atlantis zur Folge gehabt haben. Mit Sicherheit jedoch ist solch ein Ereignis durchaus dazu geeignet den Klimawandel herbeizuführen, der schließlich das Ende der letzten großen Eiszeit einläutete, was zu den weiter oben geschilderten Geschehnissen führte.

(Randbemerkung: „Einer Theorie zu Folge, soll jener Meteorit bereits Jahrhunderte vor dem Untergang von Atlantis die Erde erreicht haben. Bei seiner Annäherung an die Erde soll er dann in mehrere sehr große Teile zerbrochen sein, wovon eines dann Atlantis traf und einen Teil davon zerstörte. Mehrere andere Teile sollen in die eiszeitlichen Gletscher gestürzt sein und dabei schon eine Menge Eis zum Schmelzen gebracht haben. Weitere Teile des Meteoriten sollen an der Erde vorbeigeschrammt sein und bis in die heutige Zeit in den Tiefen des Alls umherirren. ")

Wir können von der Annahme ausgehen, dass zumindest ein Teil von Atlantis in einer Region des Atlantiks lag, in der zwei tektonische Platten der

Erdkruste aufeinandertreffen. Die Spalte zwischen diesen beiden Platten ist heute wie damals von starkem Vulkanismus geprägt. Es drängt nämlich glutflüssiges Gestein aus dem Erdinneren durch diesen Spalt nach oben und schiebt die beiden Platten auseinander. Dieser Vorgang lieferte wohl die Idee für die Theorie der Kontinentalverschiebung welche jedoch für das Thema dieses Buches nur von nebensächlicher Bedeutung ist.
Wichtig ist es hingegen festzuhalten, dass Atlantis in einer Region mit reger vulkanischer Tätigkeit lag was ja auch aus Platos Schilderungen herauszulesen ist.
Übrigens liegt auch die Insel Island bis heute auf genau der selben Spalte der Erdkruste, nur eben weiter nördlich.

Der Einschlag eines großen Meteoriten in diesem sensiblen Gebiet wird auf jeden Fall zu einer noch gesteigerten vulkanischen Aktivität geführt haben.
Beides: ein Meteoriteneinschlag in Kombination mit starkem Vulkanismus hat mit Sicherheit große Mengen an Staub und Ache in die Luft geschleudert. Diese haben wohl für kurze Zeit die Sonne verdunkelt, was möglicherweise zu einer vorübergehenden Abkühlung des Klimas geführt hat. Früher oder später müssen sich Staub und Asche, der Schwerkraft

folgend, wider zur Erdoberfläche gesenkt haben, wo sie auch die eiszeitlichen Gletscher mit einer dunklen Oberfläche überzogen haben.
Diese bis dahin hellen Oberflächen hatten einen großen Teil der Sonneneinstrahlung reflektiert, wogegen die nun dunkel eingefärbten Flächen die meiste Sonnenenergie absorbierten. Die dadurch zustande gekommene Erwärmung führte dann eben zu jenem Klimawandel, welcher schließlich die eiszeitlichen Gletscher zum Schmelzen brachte.

(Randbemerkung: „Auch der heutige Klimawandel, könnte ähnliche Ursachen haben. Unbestritten ist, dass helle Oberflächen einen Großteil der Sonneneinstrahlung reflektieren und dass dunkle Oberflächen einen Großteil der Sonnenenergie absorbieren. Dass die Sonneneinstrahlung einen großen Einfluss auf das Klima hat, weiß jeder, der in einer Gegend lebt, welche ausgeprägte Jahreszeiten aufzuweisen hat. Im Winter sind nun mal Tage kürzer und damit ist die mögliche Sonnenscheindauer geringer und die Sonnenstrahlung wirkt weniger intensiv und deswegen ist es deutlich kälter als im Sommer wo die Tage länger sind und die Sonne länger und intensiver scheinen kann.

An der Zahl der Sonnenstunden können wir natürlich nichts ändern, wohl aber an der Gestaltung unserer Umgebung.

Obwohl wir wissen, dass helle Flächen die Sonneneinstrahlung reflektieren, leisten wir uns den Luxus unsere Umgebung mit immer mehr dunklen Flächen auszustatten, welche nun mal sehr viel Sonnenenergie absorbieren. Ausgerechnet Solarkollektoren haben die Eigenschaft, Sonnenenergie regelrecht aufzusaugen, ähnlich wie ein Schwamm das Wasser aufsaugt.

Allein der rechnerische Unterschied der sich ergibt, aus einer theoretischen Situation mit hellen Oberflächen und der tatsächlichen Gegebenheiten mit dunklen Oberflächen ist durchaus dazu geeignet, die Klimaerwärmung noch zu beschleunigen (oder überhaupt erst hervorzurufen?). „---Ende der Randbemerkung.)

Was nun zum eigentlichen Versinken von Atlantis führte, sind Vorgänge, zu deren Verständnis wir einige physikalische Grundlagen benötigen. Diese Kenntnisse welche meinen Lesern vermutlich noch aus der Schulzeit in Erinnerung sind, möchte ich im folgenden Kapitel näher erläutern.

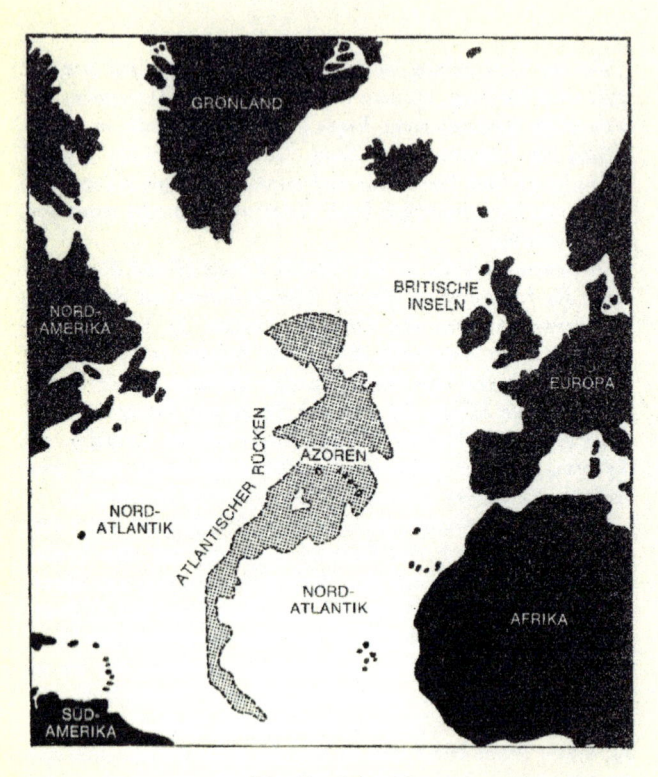

War dies Atlantis?
Das Hochplateau am Mittelatlantischen Rücken.

Schwarz wird die Sonne, die Erde sinkt ins Meer,
Vom Himmel verschwinden die heiteren Sterne.
Glutwirbel umwühlen den allnährenden
Weltbaum, die heiße Lohe bedeckt den Himmel.

Aus der „Edda".

(Die „Edda" ist ein Buch, in dem die wenigen noch existierenden altgermanischen Überlieferungen gesammelt wurden. Die meisten alten Texte wurden während der „Christianisierung" rücksichtslos zerstört. Ein Schicksal, welches auch die Überlieferungen der antiken mittelamerikanischen Hochkulturen ereilte. Den obigen Vers sprach die alte Seherin Völuspa.)

Kapitel 6:

Physikalische Grundlagen

Das U-förmige Objekt auf der nun folgenden Darstellung soll den Querschnitt durch ein Frachtschiff symbolisieren. Wie man sieht, ist es unbeladen und wir stellen uns vor, dass es auf einem der Weltmeere schwimmt. Dessen Oberfläche habe ich durch eine Wellenlinie dargestellt. Auf ihr lastet der atmosphärische Druck, der ein Bar beträgt. Der Wasserdruck an der Oberfläche beträgt also ein Bar und nimmt zu, je tiefer man in das Wasser eintaucht. Z.B.: beträgt der Wasserdruck in 10 m Tiefe bereits 2 Bar, in 20 m Tiefe schon 3 Bar; er nimmt also Je 10 m Wassertiefe um 1 Bar zu. Er wirkt dabei in alle Richtungen, nicht nur von oben nach unten. Ich habe dies symbolisch durch Pfeile dargestellt. Die Komponente des Wasserdrucks die von unten nach oben wirkt, hält dabei das Schiff am Schwimmen.

Das Frachtschiff übt mit seinem Eigengewicht einen Druck auf die Wasseroberfläche aus. Dadurch sinkt es in das Wasser ein und zwar so weit, bis der Wasserdruck groß genug ist, dass er mit dem Eigengewicht des Schiffes im Gleichgewicht ist.

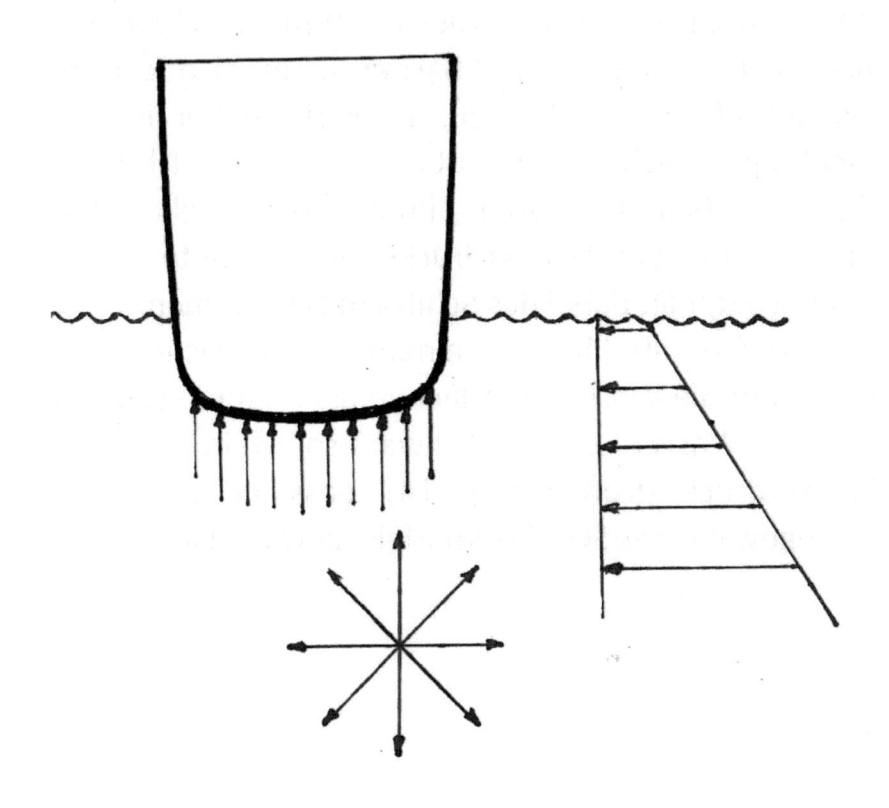

Das Frachtschiff ist unbeladen und sinkt nicht sehr tief in das Wasser ein. Es übt durch sein Eigengewicht Druck auf das Wasser aus, welcher durch den Wasserdruck ins Gleichgewicht gebracht werden muss. Je größer die Wassertiefe, desto höher der Druck (symbolisiert durch die Pfeile rechts).

Im zweiten Bild ist das Frachtschiff im beladenen

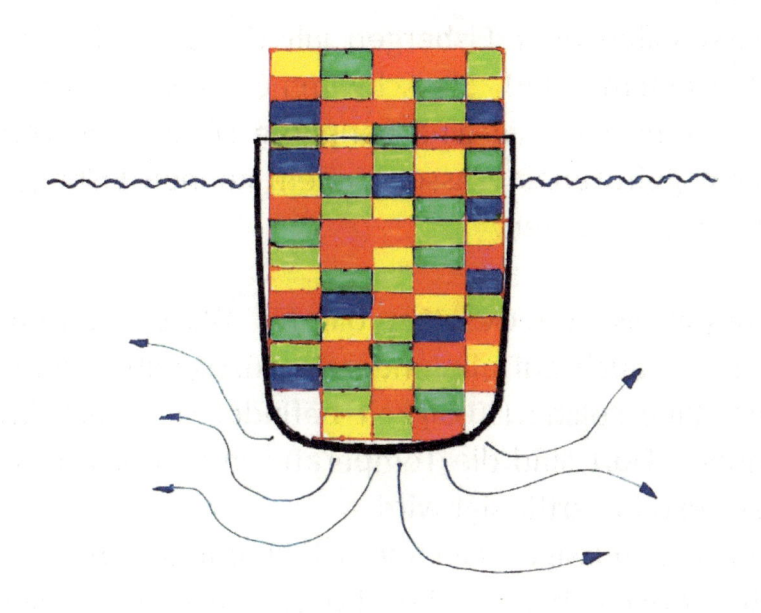

Zustand dargestellt. Durch das größere Gesamtgewicht sinkt es tiefer ins Wasser ein, eben so tief, bis der Wasserdruck groß genug ist um ein Gleichgewicht herzustellen. Das Wasser unter dem Schiff wird dabei verdrängt und der Wasserspiegel steigt entsprechend

an. In einem Ozean ist dieser Anstieg natürlich vernachlässigbar; in einem Gewässer, das nur unwesentlich größer ist als das Schiff, wäre der Anstieg des Wasserspiegels jedoch erheblich.
Das Volumen des verdrängten Wassers entspricht dem des unter der Wasseroberfläche befindlichen Körpers.
Bei Eisschollen oder Eisbergen gilt das selbe Prinzip wie bei einem Schiff. Sie schwimmen deswegen auf dem Wasser, weil sie eine geringere Dichte besitzen als nicht gefrorenes Wasser, zudem können Eisberge Hohlräume enthalten.

Die physikalischen Gesetze, die für Wasser gelten, lassen sich auch auf alle anderen Flüssigkeiten übertragen. Eine solche Flüssigkeit befindet sich auch im Erdinnern. Dort sind die Temperaturen so hoch, dass selbst Gestein verflüssigt wird.
Auf diesem flüssigen Gestein schwimmt unsere Erdkruste, vergleichbar wie Eisschollen auf dem Wasser schwimmen. Tatsächlich ist die Erdkruste kein festes Gebilde, sondern sie besteht aus eizelnen „ Schollen „ Den sogenanten tektonischen Platten.
Dort, wo zwei solcher Platten aneinander grenzen, herrscht entweder starker Vulkanismus oder es treten

häufig teils heftige Erdbeben auf. Letzteres geschieht in der Regel dort, wo zwei dieser Platten auf einander
zu geschoben werden. Diese Situation können wir z. B. im Himalaja beobachten; ein Gebiet, dass für seine besonders heftigen Erdbeben bekannt ist. Auch seine Existenz verdankt der Himalaja der Tatsache, dass sich dort zwei tektonische Platten übereinander schieben.
Im Gegensatz dazu werden die beiden Platten welche In der Mitte des Atlantiks aneinander grenzen auseinander getrieben. Aus dem Spalt, der dadurch entsteht Tritt fast ständig das glutflüssige Gestein aus dem Erd-Innern hervor und die dadurch enstehenden Vulkane Türmten sich zum mittelatlantischen Rücken auf.
Auch die Insel Island liegt auf dieser Spalte, was ihr rege vulkanische Tätigkeit aber auch als angenehmen Nebenefekt eine vielzahl heisser Quellen beschert.
Auch in Platons Beschreibung wird Atlantis als eine Insel beschrieben auf der es Vulkane und heisse Quellen gab. Da die Wahrscheinlichkeit, dass Atlantis
Zumindest teilweise auf diesert Spalte lag sehr groß
ist, wird also Platons Beschreibung bestätigt.

Wenn wir uns vorstellen, dass die Erde maßstäblich auf die größe eines Hünereis verkleinert würde, dann wäre die Dicke der Erdkruste sehr viel geringer als die
Dicke der Eierschale. Zudem besteht die Erdkruste nicht aus einer zusammenhängenden Schale, sondern aus einzelnen Fragmenten, was sie zu einem sehr fragilen Konstrukt werden lässt. Eigentlich ist es ein Wunder, dass wir nicht häufiger von schweren Naturkatastro- phen heimgesucht werden.
Jedenfalls wird es wohl jedem einleuchten, dass zum Ende der letzten Eiszeit aufgrund der ungeheuren Ausmaße der Ereignisse auch besonders heftige tektonische und meteorologische Vorgänge stattgefunden haben.
Die überaus dramatischen Ereignisse, welche damals stattfanden möchte ich daher in dem folgenden Kapitel darlegen, da dies der Schlüssel dazu ist den Untergang von Atlantis auf adäquate Weise zu erklären.

Kapitel 7:
Was wirklich geschah.

Zunächst einmal möchte ich die Ausgangssituation darlegen. Hierbei befinden wir uns mehr als 11500 Jahre in der Vergangenheit. Die ganze Erde wird von einer Eiszeit beherrscht. Große Teile Europas, Asiens und Nordamerikas sind mit einem gewaltigen Eispanzer bedeckt. Dafür erstrecken sich dort wo wir heute die Fluten des Mittelmeers und des Schwarzen Meers sehen können weite, fruchtbare Landschaften.
Diese Gewässer konnten damals noch nicht existieren, weil in den Gletschern unvorstellbar große Mengen Wasser in gefrorener Form gespeichert waren.
Es ist durchaus von Wichtigkeit zu begreifen, welche imensen Ausmaße die im nun folgenden geschilderten Ereignisse gehabt haben.
Um zu veranschaulichen, von welchen gigantischen Dimensionen die Rede ist, möchte ich daher noch einmal Zahlenbeispiele nennen, welche ich teilweise schon weiter oben angeführt habe.

Ich möchte von einem quadratischen Element mit 100 km Seitenlänge ausgehen. Dieses Sekment ist im Verhältniss zu der gigantischen Fläche (mehrere Millionen Quadratkilometer) welche tatsächlich von der Vergletscherung betroffen war immer noch winzig klein.

Es handelt sich also um eine Fläche von 10000 km2 Oder 10000 x 1000000 = 10000000000 qm.

Wenn wir davon ausgehen, dass die Eisschicht 1500 m mächtig war, lastete auf jedem einzelnen qm eine Last von 1500 Kubikmeter gefrorenem Wasser oder 1500 Tonnen! Dies entspricht 1500000 Litern. Auf unser ausgewähltes Segment bezogen wären wir bei der unvorstellbaren Zahl von 15.000.000.000.000 Tonnen oder bei 15.000.000.000.000.000 Liter bei einem Quadrat von lediglich 100 km Seitenlänge. Tatsächlich waren jedoch Millionen Quadratkilometer von solch einer Eisschicht bedeckt.

Halten wir also fest, dass die Kontinente, ähnlich wie ein Frachtschiff mit einer gewaltigen Last beladen waren. Gleichzeitig hatten die Weltmeere einen bedeutend niedrigeren Wasserspiegel als heutzutage; er war nämlich mehr als 100 m geringer.

So also die Ausgangssituation, welche ich in folgender vereinfachter Darstellung noch einmal bildlich widergeben möchte.

Eine Vereinfachung besteht darin, dass auf die Darstellung der Erdkrümmung verzichtet wird. Auch auf eine genaue Maßstäblichkeit und die Wiedergabe von Details wurde verzichtet, da es nur darum geht das Prinzip zu verstehen.

Durch das Gleichgewicht der im Universum herrschenden Kräfte wurden alle Himmelskörper, die im Laufe ihres Daseins einmal flüssig oder gasförmig waren, in eine Kugelform gezwungen. Ihre Kugelgestalt verdankt die Erde also dem flüssigen Gestein im Erdinnern. Dank der Erdanziehungskraft wird Alles auf der Erde Befindliche zum Erdmittelpunkt hingezogen.

Dadurch entsteht im Erdinnern ein Druck welcher groß genug ist um die Erdkruste mit Allem, was sich darauf befindet an der Oberfläche zu halten.

Man kann sich dies ähnlich vorstellen, wie bei einem aufgeblasenen Luftballon, wobei der Luftdruck welcher im Inneren des Ballons herrscht, dafür sorgt, dass die Gummihülle nach außen gedrückt wird.

Amerika　　　　Atlantik　　　　Europa
　　　　　　　　Atlantis

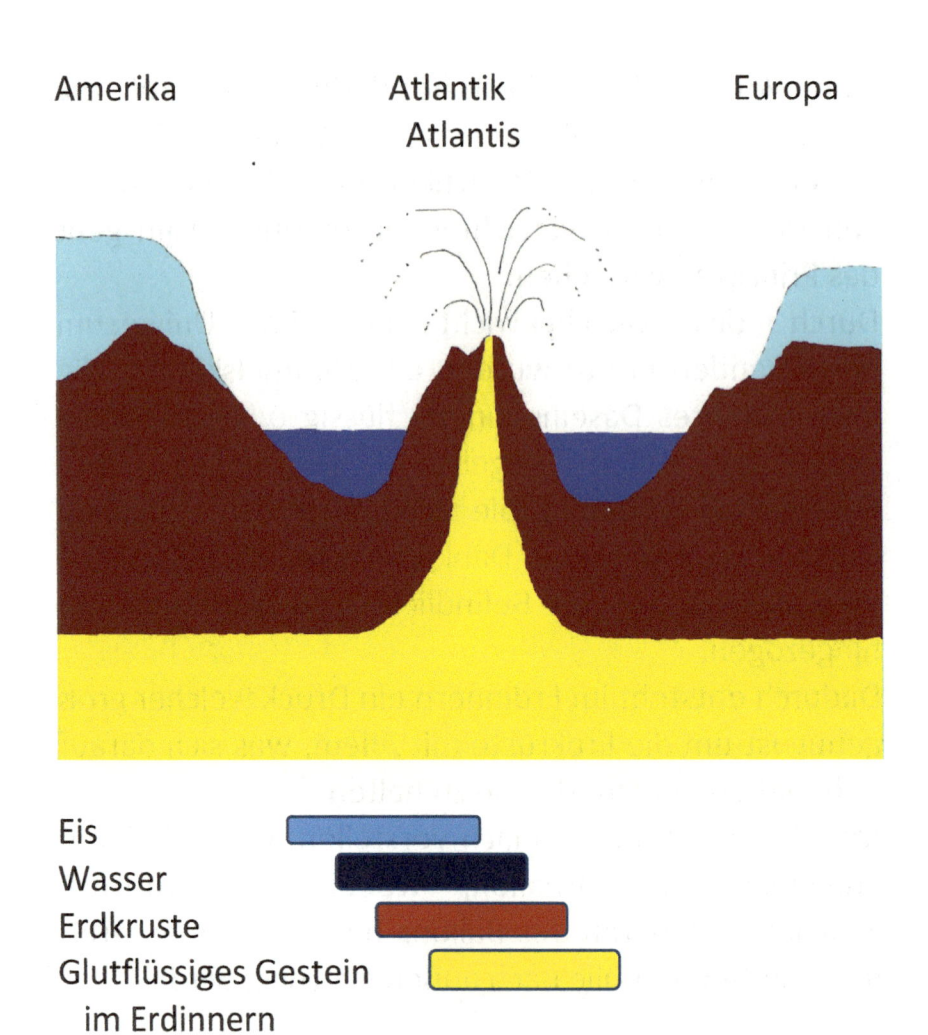

Eis
Wasser
Erdkruste
Glutflüssiges Gestein
　im Erdinnern

Im obigen Bild sehen wir also die Ausgangssituation.
Jene Situation also welche sich zur Zeit vor dem Unter-Gang von Atlantis darstellte. Nehmen wir an wir befinden uns zeitlich vor ca. 12000 Jahren und es herrschte Eiszeit.
Was führte nun aber jenen Klimawandel herbei, welcher die Eiszeit beendete und damit auch das Ende von Atlantis besiegelte?
In Platons Überlieferungen ist von einem Meteoriten Die Rede, welcher durch eine ungünstige Planeten-Konstelation aus seinem Orbit gezwungen wurde und dadurch auf Kollisionskurs mit der Erde gebracht wurde. Er soll auf Atlantis eingeschlagen sein und dadurch bereits einen Teil der Insel zerstört haben.
Wenn dieser Einschlag in der Nähe jenes sensiblen Bereiches der Erdkruste erfolgte, wo zwei tektonische
Platten aneinander grenzen, wird sich die bereits vorhandene vulkanische Tätigkeit noch erheblich verstärkt haben. Natürlich wurde dabei eine gewaltige
Menge an Staub und Asche in die Atmosphäre geschleudert und großflächig verteilt.
Dieses Ereignis möchte ich im nächsten Bild darstellen.

111

Im obigen Bild soll gezeigt werden, wie durch einen Meteoriteneinschlag und daraus resultierendem verstärktem Vulkanismus gigantische Mengen von Asche und Staub in die Atmosphäre geschleudert wurde und diese Staubwolken sich durch den Wind großflächig verteilen konnte. Möglicherweise wurde durch diese Aschewolken für kurze Zeit die Sonne verdunkelt, was eine vorübergehende Abkühlung des Klimas zur Folge gehabt haben könnte. Diese kann jedoch nicht von langer Dauer gewesen sein, da sich Asche und Staub der Erdanziehungskraft folgend auf die Erdoberfläche absenkte und dort liegen blieb. Die eiszeitlichen Gletscher waren nunmehr mit einer dunklen Oberfläche überzogen. Da aber dunkle Oberflächen dazu in der Lage sind sehr viel mehr Sonnenenergie zu absorbieren als die bis dahin hellen Oberflächen des Eises, wird die daraus resultierende Erwärmung dazu geführt haben, dass die Gletscher zu schmelzen begannen. Natürlich erwärmte sich auch die Luft. Es fand also ein Klimawandel statt, welcher das Ende der Eiszeit bewirkte.

Auch wenn Skeptiker einwenden möchten, es sei nicht beweisbar, ob es einen solchen Meteoriteneinschlag wirklich gegeben hat, so ist es doch unbestreitbar, dass
ein Klimawandel stattgefunden hat.

Eben jene Erwärmung des Klimas hat dazu geführt, dass immer mehr der gigantischen Eispanzer sich in flüssiges Wasser verwandelte, welches entweder sich direkt ins Meer ergoss oder zunächst einmal die Kontinente
überschwemmte um dann über Bäche und Flüsse ebenfalls in die Ozeane abzufließen.
Natürlich stieg dadurch der Meeresspiegel enorm an.
In jener Zeit bildeten sich auch bereits in den Becken des heutigen Mittelmeeres und des Schwarzen Meeres zunächst riesige Süsswasserseen und es entstaden
eine vielzahl anderer Gewässer.
Im nächsten Bild möchte ich dieses „Zwischenstadium „ darstellen.

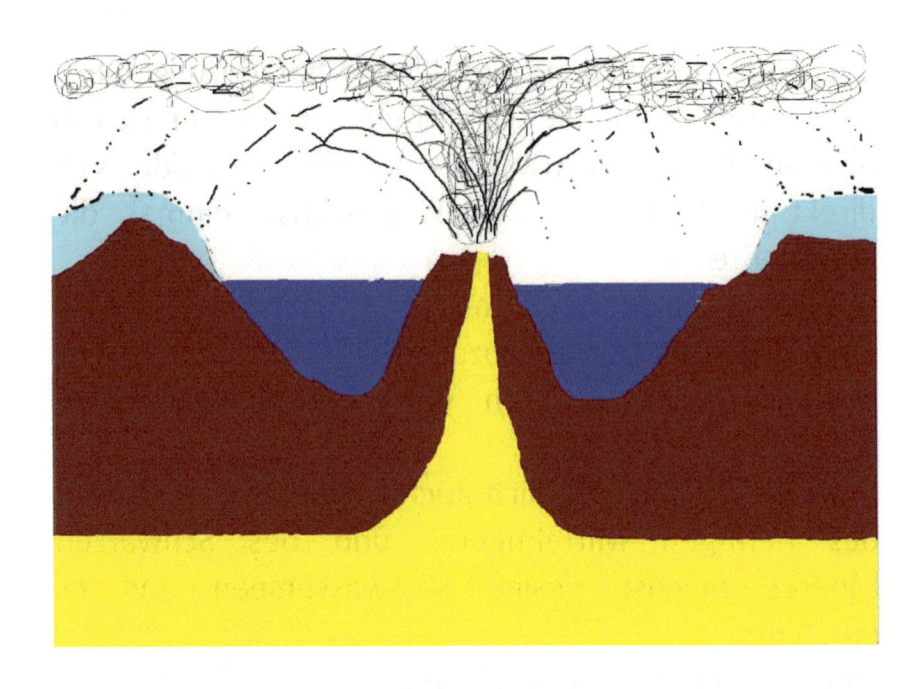

Im obigen Bild ist dargestellt, dass bereits ein erheblicher Teil des Eises geschmolzen ist und der Wasserspiegel der Weltmeere enorm angestiegen ist.
Um wieviel der Pegel der Ozeane tatsächlich anstieg, läßt sich heute nicht mehr mit Bestimmtheit sagen, jedoch muss er um einiges höher gelegen haben, als der Pegel der sich uns heutzutage darbietet.
Warum der heutige Wasserstand nideriger liegt als damals, darauf möchte ich im Folgenden noch näher eingehen.
Ob sich der Klimawandel damals in kurzer Zeit vollzog, oder ob sich die Erderwärmung über Jahre und Jahr-

zehnte erstreckte wird wohl nicht mehr eindeutig zu klären sein. Jedoch dürfen wir annehmen, dass es damals genauso wie heute immer wieder einen besonders heißen Sommer gegeben hat. An einem solch heißen Sommer ist auf Grund der hohen Temperaturen natürlich besonders viel Schmelzwasser angefallen. Diese Wassermassen flossen jedoch nur teilweise direkt ins Meer, ein großer Teil davon ergoß sich auch in gewaltigen Strömen über die Kontinente. Die dortigen Überschwemmungsgebiete müssen gewaltigen Binnenmeeren geglichen haben.
Da warme Luft sehr viel mehr Feuchtigkeit aufzunehmen im stande ist, als dies kühle Luft vermag, muss dieser gigantischen Oberfläche eine enorme Menge Wassers verdunstet sein. Es bildeten sich also unablässig schwere, dunkle Gewitterwolken,
welche ihre Last dann in Form von heftigen Regengüssen entluden. Diese sintflutartigen Regenfälle werden wohl während der gesamten Sommermonate angehalten haben. Es ist leicht zu begreifen, dass dadurch das Ausmaß der Überflutungen nicht gemindert wurde, sondern dass im Gegenteil der Wasserpegel noch weiter anszieg, so dass zeitweilig nur noch die Gipfel der Gebirge aus den Flutern herausragten.
Auf einen Beobachter muss der Anblick gewirkt haben

als sei die ganze Welt im Wasser versunken.
Es gehört wenig Phantasie dazu anzunehmen, dass die Überlebenden dieser Katstrophe als sie die Geschicte ihren Enkeln erzählten dies mit genau jenen Worten taten, welche im „Alten Testament" unter dem Stichwort Sintflut zu lesen sind.
Da die tatsächlichen Geschehnisse und die alten Über-Lieferungen ein solch hohes Mass an Übereinstimmung besitzen, bin ich der festen Überzeugung, dass es sich dabei um das selbe Ereigniss handelt. Ich möchte daher behaupten, dass die Sintflut genauso wie der Untergang von Atlantis vor ca. 11500 Jahren stattgefunden hat.
Eine witere Übereinstimmung mit der biblichen Geschichte ist die Tatsache, dass die Flut nach einiger Zeit und nach dem Ende der Regenfälle zurückgegangen ist, was natürlich daran lag, dass die Wassermassen nach und nach in die Ozeane abflossen.
Die daraus resultierende Situation für unseren Heimatplaneten stellt sich nun wie folgt dar:
Die Kontinente welche nun von der exorbitanten Last der gewaltigen Eispanzer befreit waren, übten nun einen sehr viel geringeren Druck auf das flüssige Gestein im Erdinneren aus. Der Druck im Erdinneren war jedoch noch in gleicher stärke vorhanden und drückte die Kontinente nach oben.

Dagegen wurden die Weltmeere durch das zusätzliche Gewicht des Wassers nach unten gedrückt.
Diese beiden gegensätzlichen Bewegungen führten dazu, dass sich am Rand der Ozeane gewaltige Scheerkräfte aufbauten. So kam es wie es kommen musste und die Erdkruste zerbrach in etwa entlang der Eiszeitlichen Küstenlinie. Die Kontinente wurden nun durch den Druck im Erdinnern nach oben gehoben und gleichzeitig sank der Meeresboden nach unten.
Die Addition beider Bewegungen ergibt eine Stufe am Rand der Kontinente von immerhin 2000 m Höhe.
Sie wird von Geologen auch als Kontinetalabhang bezeichnet.
Dieses Ereignis möchte ich im nächsten Bild darstellen.

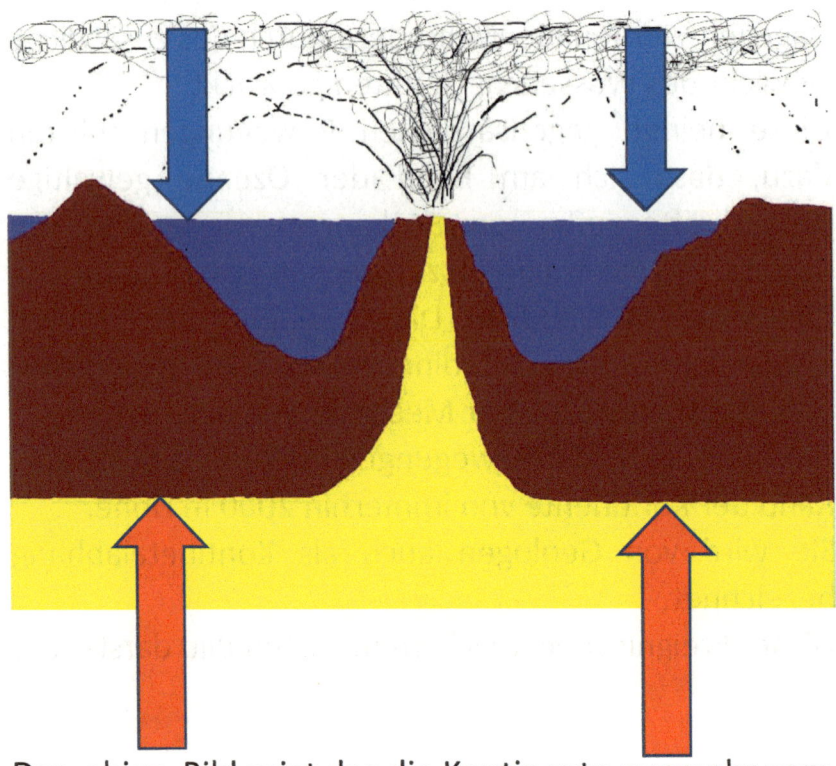

Das obige Bild zeigt das die Kontinente nunmehr vom Eis befreit sind und dadurch auch von einer gewaltigen Last. Gleichzeitig wurden die Belastung des Grundes der Ozeane um das Gewicht des jetzt flüssigen Wassers erhöht. Dies wird symbolisiert durch die blauen Pfeile. Der Druck im Erdinneren (symbolisiert durch die roten Pfeile) blieb jedoch gleich groß.

Also wurden die Kontinente durch den Druck im Erd-Inneren nach oben gedrückt und die Ozeane wurden durch das zusätzliche Gewicht des Wassers nach unten

gedrückt. Die hierbei wirkenden, enormen Kräfte kul-
minieren genau an jenem Punkt, wo Kontinente und Ozean aufeinandertreffen.

Jeweils ein roter Pfeil und ein blauer Pfeil bilden dabei ein gegensätzlich wirkendes Kräftepaar. Die Wirkungsweise beider Kräfte ist vergleichbar mit den Schneiden einer Schere weswegen sie auch als Scherkräfte bezeichnet werden.

Die Belastung der Erdkruste an diesen Stellen muss so gewaltig gewesen sein, dass sie schlieslich brach. Jetzt war also der Weg frei dafür, dass die Kontinente nach oben gehoben werden konnten und der Meeresboden in die Tiefe sinken durfte. Und mit dem Meeresgrund
Versank natürlich auch Alles was sich darauf befand.

Es ist also sehr wohl möglich, dass auch eine Insel, die so groß war wie ein kleiner Kontinent, mit in die Tiefe gerissen wurde.

Schon allein diese theoretische Möglichkeit ist ein starkes Indiz dafür, dass Platons Überlieferungen eine wahre Begebenheit zu Grunde liegen könnte.

Ein weiteres Indiz ist die von Platon angegebene Datierung die ebenfalls mit der Zeit der tatsächlichen Ereignissen übereinstimmt.

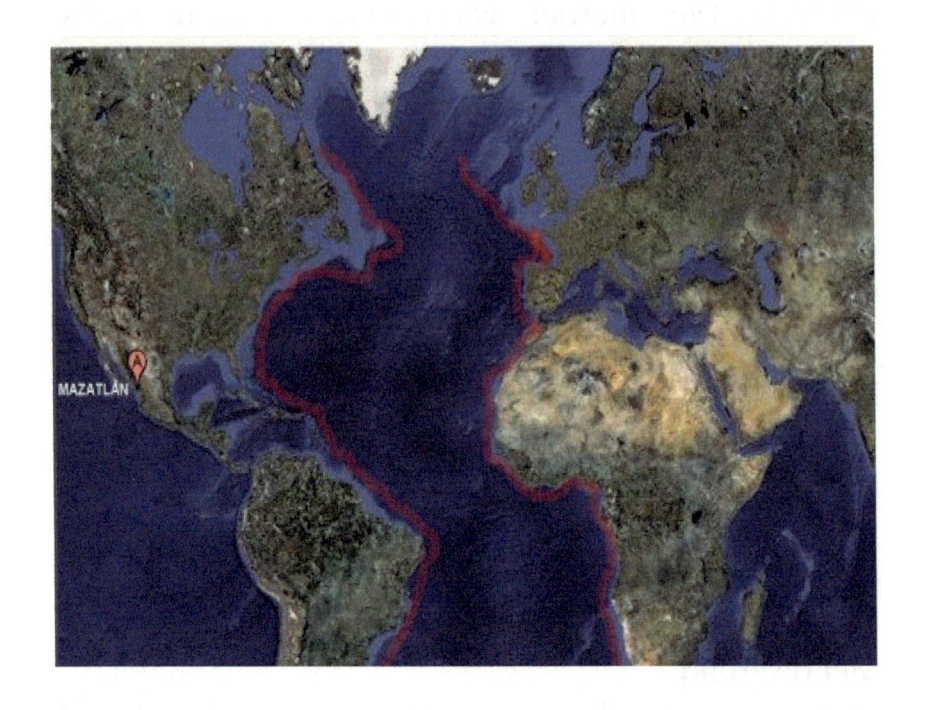

Bild oben: Hier habe ich durch die roten Linien in etwa die Bruchkanten gekennzeichnet, an denen die tektonischen Platten zerbrachen, sodass der Bereich zwischen den roten Linien nach unten sinken konnte während die Kontinente links und rechts davon gleichzeitig nach oben gedrückt wurden. Daraus entstand eine relative, vertikale Verschiebung von bis zu 2000 m Höhenunterschied, das, was heutzutage als Kontinentalabhang bezeichnet wird. Auch nach dem Absinken des Meeresgrundes, welcher das Becken des

Atlantiks natürlich beträchtlich vergrößerte, was dem Wasser mehr Raum gab, blieb dennoch ein Anstieg des Meeresspiegels um mehr als 100 m (bezogen auf die Kontinente).

Es ist ohne allzu viel Fantasie zu erkennen, dass in diesem riesigen Gebiet genügend Platz vorhanden ist für eine Insel so groß wie ein kleiner Kontinent, wie es Atlantis gewesen sein soll. Da in dieser Karte auch die ungefähren Meerestiefen zu erkennen sind (je dunkler das blau, desto tiefer), könnte man sich ausmalen, wo eine solche Insel gelegen haben mag. Auf diesem Bild ist auch schön zu erkennen, warum Platon den Atlantik im Gegensatz zum Mittelmeer als das wahre Meer bezeichnete, während er das Mittelmeer nur als eine Art Hafenbecken mit einer engen Einfahrt betrachtete.

Ich möchte gerne annehmen, dass meine Leser, wenn Sie dieses Bild vorbehaltlos betrachten, mir zustimmen werden, wenn ich behaupte, dass eine Lage von Atlantis im Mittelmeer oder gar im Schwarzen Meer nicht in Frage kommen kann.

Im nächsten Bild möchte ich die aktuelle Situation darstellen.

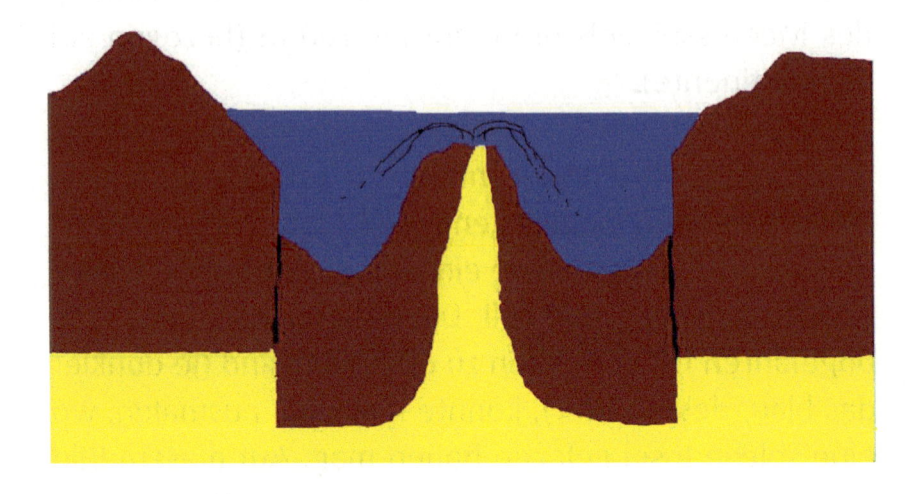

Im obigen Bild ist zu sehen, dass nun durch den enormen Druck des Wassers die Erdkruste gebrochen ist und danach der Grund des Atlantiks nach unten sank, und gleichzeitig die Kontinente nach oben gedrückt wurden. Die Stufe die dadurch in der Erdkruste entstand nennen Geologen auch Kontinentalabhang. Während der Teil der Kontinente, welcher von den Fluten der Schmelzwasser bis heute überflutet ist Festlandschelf oder Kontinentalschelf genannt wird. Das Volumen des atlantischen Beckens wurde dadurch um ein Beträchtliches größer, sodass es sehr viel mehr Wasser aufnehmen konnte, was zur Folge hatte, dass einiges des Wassers welches bis

dahin die Kontinente überschwemmt hatte, abfliesen konnte. Es entstand also in etwa das heute bekannte Bild der Erde. Auch heute noch ist der Meeresspiegel um mehr als 100 m höher als während der Eiszeit. Die noch verbliebenen Überschwemmungsgebiete auf dem Festland verwandelten sich im Laufe der Jahrtausende in Sumpf- und Moorlandschaften oder blieben uns als Seen erhalten. Auch das Mittelmeer und das Schwarze Meer entstanden zu dieser Zeit.
Ja, nun ist sie also versunken, jene geheimnisvolle Insel.
Aber immerhin ist es möglich, dass einzelne Berggipfel über die Wasseroberfläche herausragen und uns bis heute als Inseln erhalten geblieben sind.
Was uns ebenfalls erhalten geblieben ist, ist der Spalt zwischen den beiden tektonischen Platten durch den nach wie vor glutflüssiges Gestein an die Erdoberfläche dringt. Durch diese rege vulkanische Tätigkeit hat sich ein Unterwassergebirge aufgeschüttet, den sogenann-
ten „Mittelatlantischen Rücken".
Ebenfalls auf dieser Spalte liegt Island, eine Insel welche dank ihrer Lage von reger vulkanischer Tätigkeit geprägt wird. Trotz dieses Umstandes und der Lage im hohen Norden wird Island von ca. 360000 Menschen bewohnt. Diese glücklichen Menschen

nutzen die geothermische Energie auf vielfältige weise und können daher weitestgehend auf fosile Brennstoffe verzichten.

Aus Platons Überlieferungen lässt sich schliesen, dass auch Atlantis zumindest teilweise auf dieser Spalte gelegen haben muss, nur weit südlicher als Island. Seine Lage soll laut Platon hinter den Säulen des Herakles, also der Strasse von Gibraltar, gewesen sein. Es kommt also in etwa die geographische Breite von Nordafrika bis zur iberischen Halbinsel in Frage. In diesen Breiten herrschte während der Eiszeit ein mildes Klima mit angenehmen Temperaturen. Laut Platon verfügte die Insel zudem über fruchtbare Böden, welche den Bewohnern reiche Ernten bescherten. Auch von einer Nutzung der heißen Quellen ist die Rede.

Insgesamt boten sich den Bewohnern von Atlantis also hervorragende Bedingungen um eine hochstehende Zivilisation zu entwickeln.

Ein Ziel dieses Buches sollte jedoch nicht sein das Leben der Bewohner von Atlantis detailiert zu beschreiben. Daher möchte ich davon Abstand nehmen dies zu tuen. Denjenigen meiner Leser, die sich dafür interressier- en, sei empfolen, die Werke Platons zu Rate zu ziehen. Im nächsten Kapitel möchte ich noch einmal resümieren.

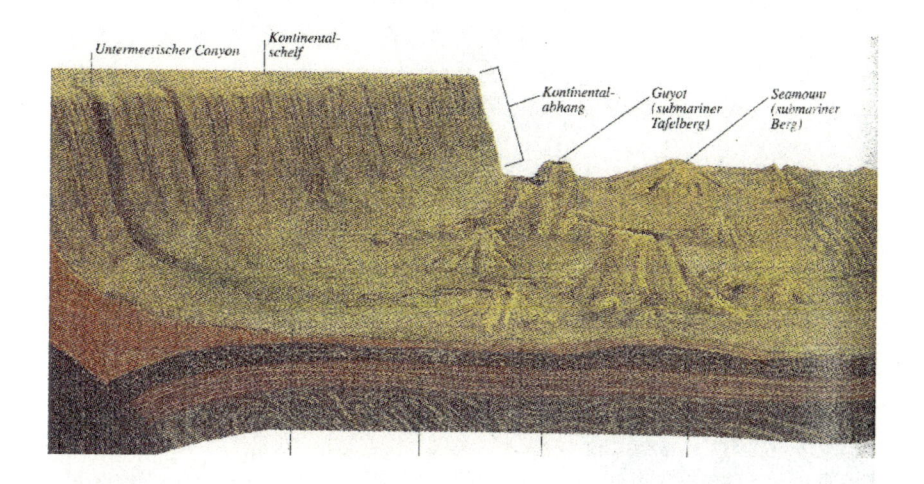

Bild oben : Darstellung des Kontinentalschelfs aus dem Buch:

Das visuelle Lexikon der Naturwissenschaften
 Gerstenberg, 2006

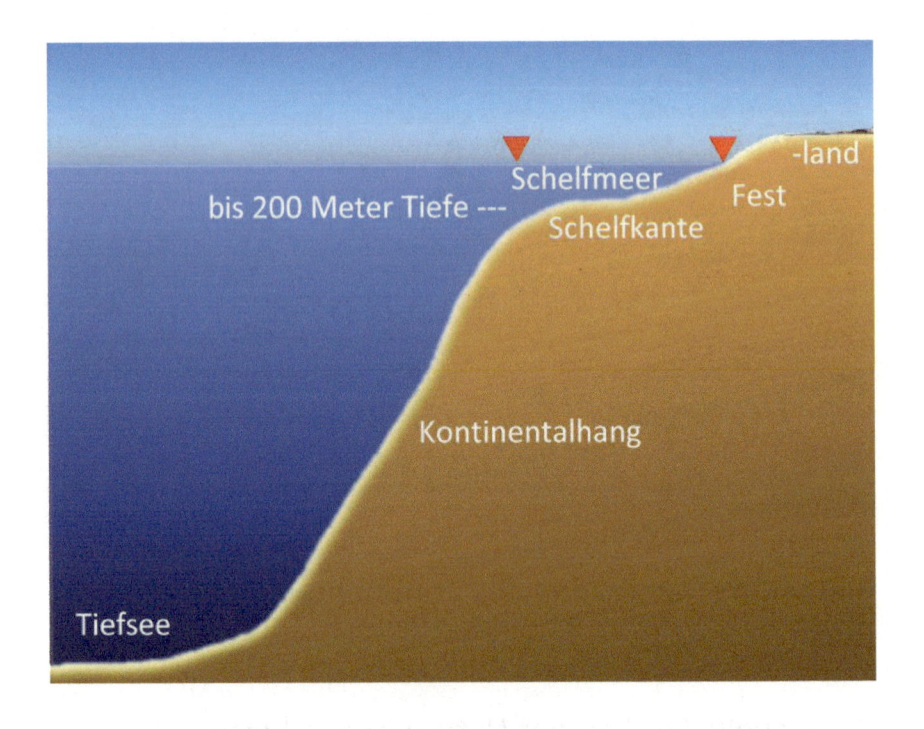

Auf diesem Bild ist das Schelfmeer zu erkennen welches das Kontinentalschelf bedeckt und durch die beiden roten Dreiecke definiert wird. Es ist dies jener Bereich der Kontinente welcher nach der Eiszeit überflutet wurde. Das linke Dreieck markiert also den Verlauf der Küstenlinie während der Eiszeit und die Stelle an der die tektonische Platte zerbrach. Der Kontinentalabhang stellt den Bereich dar, um welchen der Meeresboden nach unten sank.

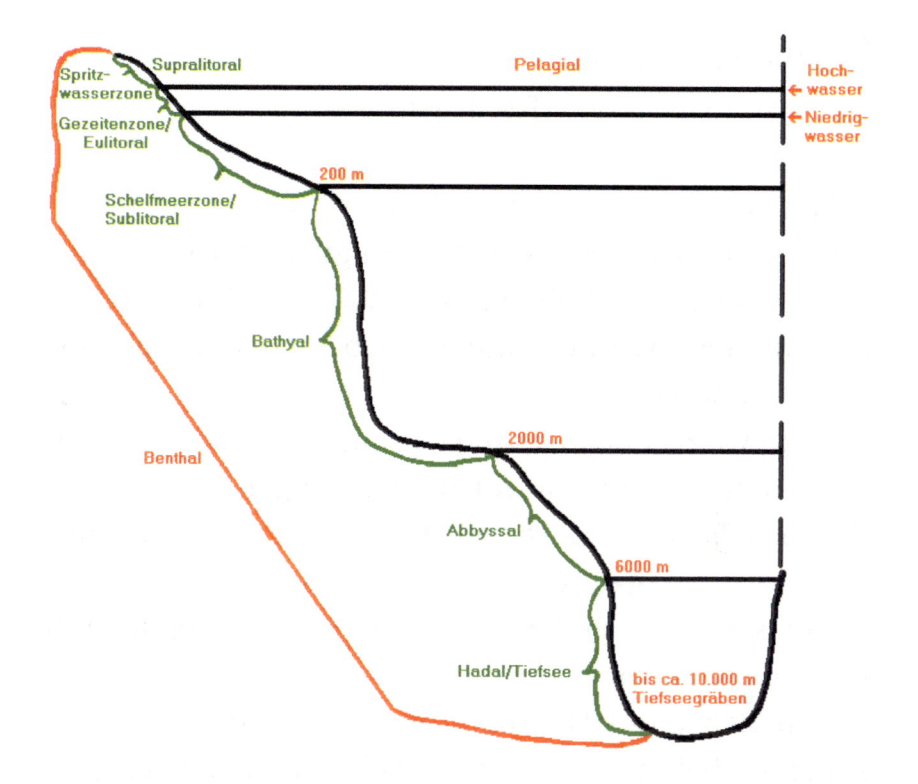

Dieses Bild zeigt noch einmal deutlich den fast senkrecht abfallenden Kontinentalabhang zwischen 200m und 2000m Meerestiefe. Die Schelfmeerszone ist in etwa der Bereich der Kontinente der nach dem Ende der Eiszeit überflutet wurde. Da der Kontinentalabhang zu dieser Zeit entstand, war der Ozean während der Eiszeit nur der Bereich unterhalb des Kontinentalabhangs.

Kapitel 8:
Resümee

Schon bevor ich mich entschloss dieses Buch zu schreiben, war ich der Überzeugung, dass Atlantis wirk- lich existiert haben muss. Während der Arbeit an diesem Buch wurde dann die Überzeugung vollends zur Gewissheit.
Fassen wir also noch einmal zusammen: wir haben auf der einen Seite die alten Überlieferungen Platons und die Geschichten im Alten Testament und z.B. des Gilgamesch Epos; und auf der anderen Seite die Ereignisse die sich tatsächlich zum Ende der letzten großen Eiszeit zutrugen.
Die in den alten Überlieferungen beschriebenen Ereignisse haben, so unglaublich sie auch klingen mögen, dennoch eine frapierende Übereinstimmung mit den tatsächlichen Ereignissen. Diese Geschehnisse die zum Ende der Eiszeit stattfanden, bieten besser als irgend jede andere Theorie die Möglichkeit einer Erklärung wie es zum Untergang von Atlantis und zur Sintflut kommen konnte. Jedoch handelt es sich hierbei nicht um eine Theorie, sondern um belegte Tatsachen.
Nicht zuletzt Platons Datierung mit 9000 Jahre vor seiner Zeit zielt genau in diese Epoche der

Erdgeschich- te und ist damit ein starkes Indiz dafür, dass seine Be- schreibungen eine exakte Darstellung der damaligen Wirklichkeit sind.
Dasselbe gilt natürlich auch für die biblischen Geschichten des Alten Testaments, da das heilige Buch der Christen wohl über jeglichen Zweifel erhaben ist. Einzig die Zeitangaben sind wohl nicht mit heutigen Maßstäben zu betrachten. Abgesehen davon sind auch hier die Parallelen zu den tatsächlichen Ereignissen unbesreitbar.
Was danach mit den Überlebenden der Sintflut geschah, darüber können wir in der Bibel nachlesen. Dagegen ist nicht bekannt, was mit den Menschen passiert ist welche dem Untergang von Atlatis entkommen sind. Darüber können wir nur Mutmasungen anstellen. Platons Werke sprechen davon, dass die Atlanter gute Seefahrer waren. Es darf also angenommen werden, dass etliche von ihnen sich mit Schiffen und Booten an die Küsten von Nord- und Mittelamerika und ebenso nach Nordafrika und Europa retten konnten.
Falls Donellis Theorie richtig ist, dass es einst ein atlantisches Weltreich gab, so ist anzunehmen, dass die frühen Hochkulturen Mittelamerikas und Ägyptens auf Konolien der Bewohner von Atlantis zurückzuführen sind.

Leider sind die meisten schriftlichen Aufzeichnungen der antiken amerikanischen Hochkulturen bei der Christianisierung zerstört worden. Aus den wenigen erhaltenen Dokumenten konnte leider kein eindeutiger Bezug zu Atlantis abgeleitet werden.
Ein ähnliches Schicksal wiederfuhr den Bibliotheken des alten Äypten. Deren Bücher sollen von den Truppen der römischen Besatzungsmacht zum heizen ihrer Badehäuser benutzt worden sein. Dieser Akt der Barbarei geschah jedoch nach dem Aufenthalt Solons in Ägypten. So dass Solon noch über die alten Aufzeichnungen für seine Nachforschungen verfügen konnte. Das daraus entstandene Manuskript war später die Grundlage für Platons Werke.
Als das einzige Land, von Denen, welche möglicherweise einmal zu einem atlantischen Weltreich gehörte ist Indien das Land, das noch über einen reichen Schatz uralter Aufzeichnungen verfügt. Diese Überlieferungen sind in der altertümmlichen Sprache Sanskrit verfasst worden. Doch obwohl schon seit Jahrzehnten daran gearbeitet wird diese Texte in eine heute gebräuchliche Sprache zu übersetzen ist bis zum heutigen Tag nur ein kleiner Teil der sehr umfangreichen Dokumente übersetzt. Es lässt sich bislang noch nicht eindeutig sagen, ob in diesen Überlieferungen Bezug auf Atlantis genommen wird.

Jedoch ist häufig von einer sehr alten, technisch hochentwickelten Kultur die Rede, welche gar Luft- und Raumfahrt betrieben haben soll.

(Randbemerkung: „ Ich nehme an, dass die meisten meiner Leser skeptisch sein werden bei dem Gedanken, es könnte vor 12000 jahren eine Hochkultur auf der Erde gegeben haben, welche unserer Heutigen ebenbürtig oder gar überlegen war. Erst recht die Damen und Herren der Wissenschaft werden eine solche Vorstellung wehemend ablehnen, gehen sie doch davon aus, dass Technik und Wissenschaft sich im Sinne der Darwinschen Evolutionstheorie beständig weiter entwickelt haben.
Tatsache ist jedoch dass es in allen alten Mythologien die Vorstellung gibt, dass die Götter mit fliegenden Wagen, fliegenden Barken oder anderen fliegenden Vehikeln durch die Lüfte flogen. Nicht nur in Indien gab es diese fliegenden Götter sondern auch bei den atiken Zivilisationen Mittelamerikas, Ägyptens, Chinas und auch bei den germanischen und keltischen Stämmen Europas waren Sie bekannt. Und, ja auch im heiligen Buch der Christen werden Sie erwähnt. In der Bibel soll von Göttern die Rede sein? Aber ja: war nicht Jesus ein Sohn Gottes? Muß nicht, wenn der Vater ein Gott war, auch der Sohn ein Solcher sein? Da hätten wir also

bereits zwei Götter. Und eben von Jesus wird berichtet, er sei nach seiner Auferstehung in den Himmel hinaufgefahren. Jedoch war es nicht seine Seele, die dies tat sondern ein Mensch aus Fleisch und Blut: und hierfür ist nun einmal ein Fluggerät von nöten.

Aber auch an anderer Stelle in der Bibel ist von Göttern die Rede. So lautet eines der zehn Gebote:" Ich bin der Herr, dein Gott, du sollst keine anderen Götter neben mir haben." Es wird also gar nicht bestritten, dass es noch andere Götter gab.

Auch von fliegendem Gerät ist in der Bibel zu lesen: so soll König Salomon einen riesigen flugfähigen Thron besessen haben.

Können wir also wirklich ausschliesen, das es in vorgeschichtlicher Zeit eine technologisch hochentwickelte Zivilisation gegeben hat?

Zu diesem Thema haben sich in der Vergangenheit schon etliche Autoren Gedanken gemacht und diese in einer Vielzahl von Büchern veröffentlicht. Ich hingegen möchte Sie an dieser Stelle zu einem kleinen Gedanken- experiment einladen. Hierbei möchte ich Bezug nehmen auf Vorgänge welche sich in geschichtlicher
Zeit abspielten und daher belegbar sind.

Man kann wohl davon ausgehen, dass die höchste Blüte des Römischen Reiches etwa zu Lebzeiten von

Julius Cäsar erreicht war. Zu jenem Zeitpunkt hatte auch der Stand von Technik und Wissenschaft seinen Höhepunkt erreicht. Mit der Ermordung Cäsars begann dann der schleichende Zerfall des Imperiuns welcher sich dann über Jahrhunderte hinzog. In dieser politisch und wirtschaftlich unsicheren Zeit war an eine Fortentwicklung vonTechnik und Wissenschaft nicht zu denken und man begnügte sich damit das bisher Erreichte zu bewahren. Sogar eine Rückentwicklung wäre durchaus vorstellbar. Auch in den darauf folgenden Jahrhunderten, in denen in unzähligen Kriegen um das Erbe des Römischen Imperiums gestritten wurde ist keine gesellschaftliche Weiterentwicklung zu beobachten. Erst im 15. Jahrhindert, als Gutenberg im Jahr 1440 die Buchdruckerkunst erfand, kann davon die Rede sein, dass der Wissensstand der Römer überflügelt wurde. Es fand also zwischen der Mitte des ersten Jahrhunderts vor Chtistis und der Mitte des 15. Jahrhunderts nach Christus (also 1500 Jahre) kein technologischer Fortschritt statt, statt dessen herrschte Stagnation.

In dieser politisch und wirtschaftlich unsicheren Zeit war an eine Fortentwicklung von Technik und Wissenschaft nicht zu denken und man begnügte sich damit das bisher Erreichte zu bewahren. Sogar eine Rückentwicklung wäre durchaus vorstellbar. Auch in *den darauffolgenden Jahrhunderten, in denen in unzähligen Kriegen um das Erbe des Römischen Imperiums gestritten wurde ist keine gesellschaftliche Weiterentwicklung zu beobachten. Zur Veranschaulichung einige vergleichende Bilder: auf der linken Seite Technik der alten Römer, rechts aus dem Mittelalter.*

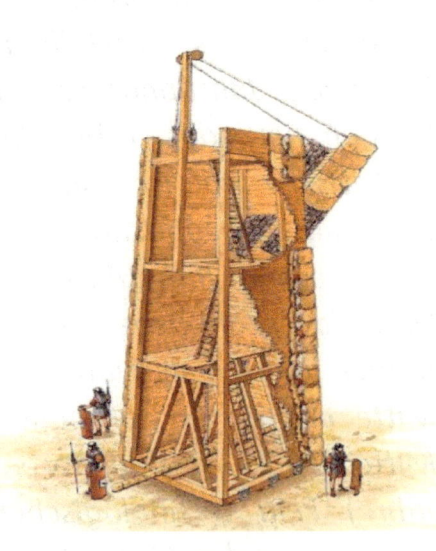

135

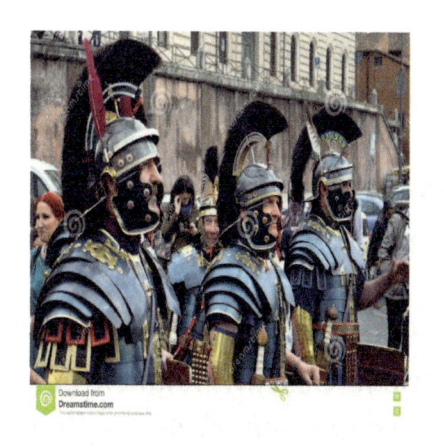

Man könnte also sagen in den gut 500 Jahren seit der Erfindung der Buchdruckerkunst bis zur zweiten Hälfte des 20. Jahrhunderts entwickelten sich Technik und Wissenschaft vom Stand der alten Römer zu einer Zifilisation die Luft- und Raumfahrt betreibt.
Hätte sich jedoch nach Julius Cäsar die Gesellschaft im Sinne der Evolutionstheorie kontinuierlich weiter entwickelt, würden wir (eine gleiche Geschwindigkeit der Entwicklung vorausgesetzt) schon seit dem fünften Jarhundert nach Christus Luft- und Raumfahrt beherrschen und wir hätten heute einen Wissensstand erreicht, welchen wir nun erst in 1500 jahren erlangen werden. Wie das Leben in 1500 Jahren tatsächlich aussehen wird können jedoch auch die phantasiebegabtesten Sience-Viction-Autoren nicht vorhersagen.
Die Wahrscheinlichkeit, dass unsere Zivilisation noch so viele Jahre überleben könnte ist jedoch sehr viel geringer als die Wahrscheinlichkeit, dass sie durch eine Naturkatastrophe oder einen Atomkrieg ausgelöscht wird. Ein weiterer Weltuntergang steht uns also bevor. Wir wissen zwar nicht genau wann er stattfinden wird, nur dass er sich ereignen wird ist unbestritten.
Werden danach die wenigen überlebenden Menschen in Höhlen zuflucht suchen um von dort aus einen Neuanfang zu starten? Wieviel wird man weitere 12000 Jahre später dann noch wissen von unserer heutigen

Zivilisation. Ich höre die Wissenschaftler jener fernen Zukunft schon heute sagen: „ Es ist vollkommener Unsinn, dass vor so langer Zeit bereits eine solch hochstehende Kultur existierthaben kann. Dank der archäologischen Befunde weiss man schlieslich, dass die damaligen Menschen unter primitiven Verhältnissen in Höhlen lebten." ------Soweit also mein kleines Gedankenexperiment. Ende der Randbemerkung. ")

Wenn wir davon ausgehen, dass Donellis Theorien richtig sind, gab es also ein riesiges Atlantisches Weltreich, welches um ein Vielfaches größer war, als später das Römische Imperium zu seiner Blütezeit.
Ein solch gigantisches Reich kann nicht aus dem Nichts entstanden sein. Es bedurfte jahrhundertelanger Entwicklungen um ein solches Staatsgebilde zu kreiren. Die Atlanter mussten den benachbarten Völkern in technischer und wissenschaftlicher Hinsicht weit überlegen sein um diese zu unterwerfen. Auch die Notwendigkeit ein solch riesiges Reich zu organisieren bedurfte eines hohen Standes der Technisierung.
Eine technische und wissenschaftliche Weiterentwicklung geschieht nur dann, wenn durch die Umstände die Notwendigkeit aber auch die Möglichkeit hierfür

gege- ben ist. D. h. um ein Imperium mit vermutlich mehreren
100-Millionen Einwohnern zu organisieren und zu regieren, bedarf es eben eines ensprechend hohen zivilisatorischen Standarts. Und um diesen Standart zu erreichen war eine Jahrhunderte dauernde Entwicklung nötig. Wenn diese Entwicklung über mehr als 500 Jahre kontinuierlich fortgeführt wurde, ist es durchaus denkbar, dass selbst Luft- und Raumfahrt zu den Errungenschaften dieser Zivilisation zählten.
Skeptiker werden einwenden, dass man noch Überreste jener Zivilisation finden müsste. Aber ist dies wirklich so ?
Ich darf daran erinnern, dass im 2. Weltkrieg Zehntausende von Flugzeugen, noch mehr von Panzern und anderen Waffen und dazu Kriegsschiffe und U-Boote zum Einsatz kamen. Die Meisten von Ihnen sind bereits nach 80 Jahren verschwunden. Nur wenige Exemplare sind in Museen dank guter Pflege erhalten geblieben. Wieviel davon wird wohl in 1000 Jahren noch existieren?
Es wird wohl fast unmöglich sein wissenschaftlich stichhaltige Beweise dafür zu finden, dass es zu einer solch frühen Zeit bereits eine dermasen hochentwickelte Kultur gegeben hat. Dennoch bin ich der vollsten

Überzeugung, dass es Atlantis wirklich gegeben hat, sei es nur als Inselstaat oder doch als Weltreich.

Sicher ist, dass zu der Zeit die Platon dafür nannte und an dem von ihm angegebenen Ort, etwas gewaltig Grosses im Atlantik versank; gross genug um einer Insel mit den Ausmasen eines kleines Kontinents Platz zu bieten.

Ich möchte noch einmal betonen, dass die Ereignisse der alten Überlieferungen in Bezug auf den Untergang von Atlantis, aber auch der Sintflut exakt wie beschrieben einstmals tatsächlich stattgefunden haben.

Daher mein Fazit: die alten Überlieferungen müssen der Wahrheit entsprechen.!

Obwohl ich der Meinung bin, dass ich in meinen bisherigen Ausführungen bereits überzeugende Argumente zum Thema Atlantis geäusert habe, möchte ich dennoch in einem Nachwort genauso wie schon im Vorwort auf eine weitere Theorie eingehen. Es handelt sich hierbei um die zur Zeit wohl am meisten favorisierte Hypothese zum Thema.

Kapitel 9:

Nachwort

Eine der aktuell am meisten Beachtung findenten Atlantistheorien basiert auf der Annahme, dass eine Naturkatastrophe, welche sich vor 3500 Jahren ereignete die von Platon Beschriebene war. Das Epizentrum dieses Ereignisses lag auf der Insel Terra.
Terra war einst der Mittelpunkt der minoischen Kultur. Diese und die Insel Kreta gehörten zu den Hauptsiedlugsgebieten der Minoer, welche gute Seefahrer waren. Man nimmt an, dass Sie im gesamten Mittelmeergebiet handel trieben und an den Küsten des Mittelmeeres Siedlungen gründeten.
Terra selbst war eine nicht allzu große Insel, die ursprünglich wohl aus einem einzigen großen Vulkan bestand. Dieser Vulkan war es dann, welcher vor 3500 Jahren in einem gewaltigen Ausbruch regelrecht explodierte. Hierbei wurden enorme Mengen von Staub, Ache und Gestein in die Luft geschleudert. Die so entstandene Wolke beeinträchtigte wohl das Klima des gesamten Mittelmeerraumes. Manche Wissenschaftler vermuten sogar, dass diese Klimaveränderung in Ägypten jene 10 Plagen verursachte, welche laut Bibel den Pharao dazu

bewegen sollten, das Volk der Israeliten ziehen zu lassen. (Eine bemerkenswerte Dokumentation hierzu wurde z.B. am 15.09.2019 bei ZDF-Info unter dem Titel Mythen-Jäger gezeigt.)
Jedenfalls aber haben Staub und Asche die minoischen Siedlungen auf Terra und Kreta unter sich begraben.
Der durch den Ausbruch verursachte Tsunami verwüst- ete zudem die gesamte Mittelmeerküste, sodass auch die dortigen Siedlungen der Minoer ausgelöscht wurden. Man kann wohl ohne Übertreibung sagen, dass diese Naturkatastrophe für die Menschen der damaligen Zeit wie ein Weltuntergang gewirkt haben muß. Soweit gibt es also tatsächlich sehr viele Über- einstimmungen mit Platons Überlieferungen.
Dennoch finden sich auch teils gravierende Abweich- ungen zu den Angaben Platons: Als erstes ist hierbei die Datierung zu nennen, denn dieses Ereignis fand lediglich 1000 Jahre vor Platons Zeit statt und nicht wie er selbst darlegte 9000 Jahre vor seiner Zeit. Als weitere Unstimmigkeit muß die Lage der Insel Terra im Mittelmeer und nicht im Atlantik angeführt werden.   (Ganz davon abgesehen, dass das Mittelmeer vor mehr als 12000 Jahren noch gar nicht existierte.) Ein weiteres Argument welches gegen diese Theorie spricht mag sein, dass Terra sogar im

Vergleich zu anderen Mittelmeerinsel eher klein und keinesfalls so groß wie ein kleiner Kontinent ist. Wichtig ist es auch festzuhalten, dass Terra gar nicht untergegangen, sondern im Gegenteil, in die Luft geflogen ist. Auch ihre Überreste, das heutige Santorin, befinden sich nach wie vor über der Wasseroberfläche.

Ich komme daher zu der Schlußfolgerung: Terra kann nicht Atlantis gewesen sein. Wenn man jedoch davon ausgeht, dass Donellis Theorien richtig sind, könnte es durchaus sein, dass die minoische Kultur aus einer atlantischen Kolonie entstanden ist. Man könnte also sagen , dass mit der minoischen Kultur ein weiteres Stück von Atlantis untergegangen ist.

Wenn wir jedoch den Begriff Atlantis derart weit fassen, können wir Atlantis fast Überall auf der Welt verorten z.B. auch unter den Fluten des Schwarzen Meeres oder in den Gegenden in denen die Geschichten des Alten Testaments spielen. Somit könnte auch Noah mit seinen Lieben Teil der atlantischen Zivilisation gewesen sein.

Möglicherweise ist die Tatsache, dass es eine solche Vielzahl von Theorien zum Thema Atlantis gibt genau darin begründet, dass es einstmals ein atlantisches Weltreich gab. So gesehen werden die meisten dieser Theorien auch ein Körnchen Wahrheit enthalten.

(Randbemerkung: Es bliebe noch anzumerken, dass das gleiche Schicksal, welches dem Atlantik zum Ende der letzten Eiszeit widerfuhr auch vor dem Pazifik nicht halt machte. Auch der Meeresgrund des Pazifiks brach ein und senkte sich um ca. 2000 m und mit ihm soll auch hier ein ganzer Kontinent versunken sein. Es handelt sich um den sagenhaften Kontinent Lemuria…….)

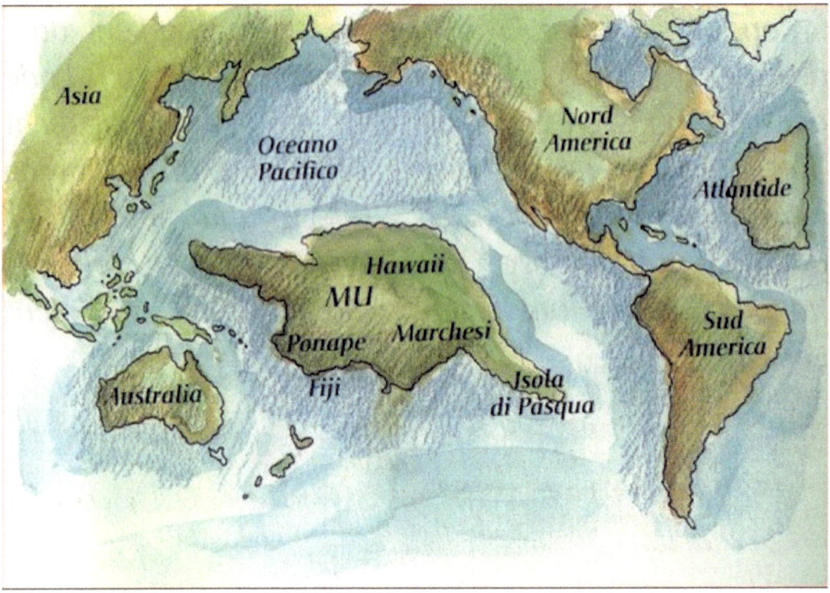
Asia
Oceano
Pacifico
Nord
America
Atlantide
Hawaii
MU
Ponape
Marchesi
Australia
Fiji
Isola
di Pasqua
Sud
America

Kapitel 7: Nachgedanken

Obwohl ich mich bei meinen Ausführungen darauf beschränken möchte auf tatsächliche Ereignisse zum Ende der letzten Eiszeit bezug zu nehmen, möchte ich dennoch nicht unerwähnt lassen, dass andere Autoren, welche die einstmalige Existenz von Atlantis beweisen wollten, durchaus noch weitere Indizienbeweise ins Feld führen konnten.
Es handelt sich hierbei z. B. um Ähnlichkeiten von Flora und Fauna diesseits und jenseits des Atlantiks. Auch das Verhalten bestimmter Tierarten, wie etwa der Aale könnte ein Hinweiss darauf sein, das es einstmals ein Landmasse Zwischen Europa und Afrika auf der einen Seite und Amerika auf der anderen Seite gab. Andere Forscher haben Ähnlichkeiten in der Sprache, der Schrift und den prähistorischen Bauwerken entdeckt. Gerade die Baukunst hat einstmals weltweit Bauwerke hervorgebracht, welche durch eine unbestreitbare architektonische Verwandschaft aufallen. Man denke hierbei nur an die Pyramiden.

Gerade bei einigen der ältesten Bauwerken ist zu beobachten, dass an ihnen in zwei oder mehreren zeitlich getrennten Perioden gearbeitet wurde. Bemerkenswert hierbei ist, dass der jeweils ältere Bauabschnitt sehr viel präziser bearbeitet wurde, als die jüngeren Bauabschnitte. Diese älteren Bauteile wurden aus zum Teil riesigen , viele Tonnen schweren Monoliten hergestellt, welche so präzise bearbeitet und ineinandergefügt wurden, dass bis heute nicht einmal ein Blatt Papier dazwischen passt.
Wohingegen die jüngeren Bauteile aus sehr viel kleineren und weniger exakt behauenen Steinen gefertigt wurden.
Es sieht also so aus, als hätte in der Baukunst keine kontinuierliche Weiterentwicklung im evolutionären Sinn stattgefunden, sondern ganz im Gegenteil: eine deutliche Rückentwicklung. Wenn wir dieses weltweit auftretende, nicht zu übersehende Phänomen zum Prinzip erheben, geht daraus hervor, dass vor den bekannten alten Hochkulturen eine diesen weit überlegene unbekannte Kultur existiert haben muss.

(Randbemerkung: Wenn es tatsächlich so ist, dass bei sehr alten Bauwerken Diejenigen, die am ältesten sind auch am perfektesten sind und die Jüngeren weniger perfekt gearbeitet sind, dann muss man auch die

frühen ägyptischen Gebäude unter diesem Aspekt betrachten. Dies würde bedeuten, dass die Cheops-Pyramide welche die Perfekteste ist auch gleichzeitig die Älteste ist. Auch bei Ihr wurden teilweise gigantische Monoliten verbaut.)

Im Folgenden möchte Ich anhand von Bildern einige beeindruckende Beispiele für diese sogenante Monolithkultur vorstellen welche geeignet sind obige These zu untermauern.

Wie hier in Machu Picchu wurden weltweit teils riesige Mehrere Tonnen schwere Monoliten verbaut und trotz der unregelmäßigen Formen so präzise ineinander gefügt, dass nicht einmal ein Blatt Papier dazwischen passt.
Diese Bauwerke wurden oft als Fundament für spätere Ergänzungen genutzt und sind daher älter als die in der Regel weniger perfekten Ergänzungen.
Im folgenden Bild ist dies deutlich zu erkennen.

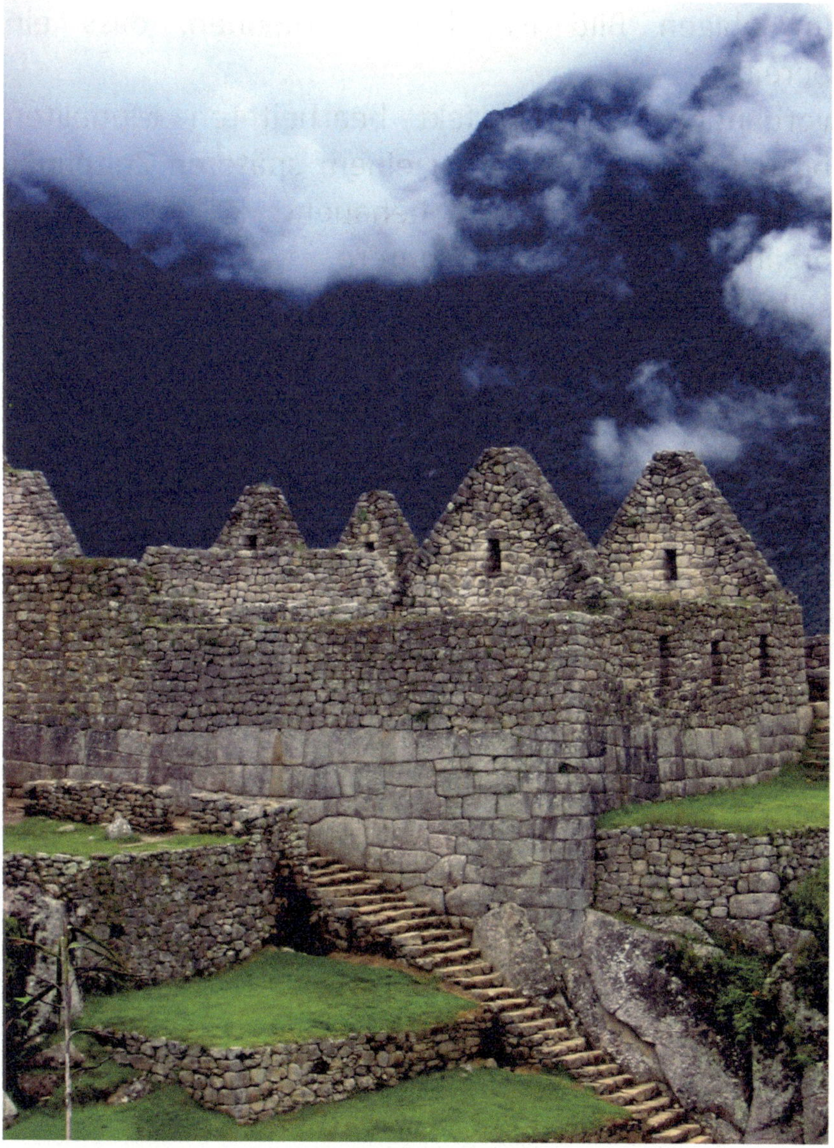

Im obigen Bild ist klar zu erkennen, dass ein bereits
vorhandenes aus perfekt bearbeiteten Monoliten bestehendes Bauwerk zu einem späteren Zeitpunkt durch weniger perfekt behauene kleinere Steine ergänzt wurde. Das untere Mauerwerk muss selbstverständlich älter sein, weil das Untere eben zuerst vorhanden gewesen sein muss bevor man das Obere darauf setzen konnte. Anderst herum geht es nicht. Da die Bauelemente der oberen und der unteren Schicht sich so gravierend voneinander unterscheiden
ist sogar anzunehmen, dass sie aus unterschiedlichen zeitlichen Epochen stammen. Das heißt, das die Menschen der heute bekannten alten mittelamerikanischen Hochkulturen offenbar Bauwerke die sie vorfanden und die von einer noch älteren höher entwickelten Kultur stammten übernommen und ergänzt haben.
Dieses Phänomen lässt sich weltweit bei allen sehr alten Hochkulturen beobachten. Ein weiteres Beispiel Sehen wir im nächsten Bild.

Im obigen Bild ist ein Teil der Ausgrabungen des Gebökli Tepe zu sehen. Unschwer erkennt man monolithische Stützpfeiler, welche auch heute noch fast so aussehen wie moderne Betonbauelemente.
Hingegen ist das Mauerwerk, welches die Lücke zwischen zwei Stützpfeilern ausfüllt aus weitaus weniger perfekt behauenen Steinen erbaut worden.
Jeder wird zugeben, dass die Stützpfeiler vorhanden gewesen sein müssen, bevor das Mauerwerk hinzugefügt wurde. Anders herum funktioniert es nicht. Auch in diesem Fall bleibt festzuhalten, dass das Perfektere älter sein muss, als das weniger Perfekte.

Es ist naheliegend anzunehmen, dass die älteren Bauteile sogar aus einer gänzlich anderen Epoche stammen. Daraus lässt sich folgern, dass es vor den bekannten alten Hochkulturen bereits eine untergegangene technisch und wissenschaftlich fortschrittliche Zifilisation gab.
Genau dies steht ja auch in allen alten Überlieferungen. Im Alten Testament z.B. wird berichtet, dass diese Kultur durch die Sintflut ausgelöscht wurde.
Die wenigen Überlebenden, konnten zwar die Erinnerung daran bewahren, jedoch gingen die wissenschaftlichen und technischen Errungenschaften zum größten Teil verloren. Wie lange diese Zifilisation bestand hatte, ist heute kaum noch nachvollziehbar. Immerhin soll allein Methusalem welcher Noahs Großvater war erstaunliche 969 Jahre alt geworden sein. Eine Zahl welche auch von sumerischen Überlieferungen bestätigt wird.

Auch wenn all diese Indizien keinen Wissenschaftlich stichhaltigen Beweiss ergeben, so sind sie dennoch dazu in der Lage die Annahme, dass Atlantis tatsächlich existierte weiter zu untermauern.

Dennoch möchte ich noch einmal darauf hinweisen, dass die Ereignisse, welche zu dem Zeitpunkt den Platon dafür angab, tatsächlich statt fanden, genau dem entsprechen, was Platon schilderte. Dass nähmlich etwas gigantisches im atlantischen Ozean versank, ist unbestreitbar. Und wenn dieser Teil von Platons Überlieferungen zutreffend ist, sollte dann nicht auch der Rest seiner Schilderungen der Wahrheit entsprech-en ?

Ich möchte dazu anregen alle alten Überlieferungen nicht mehr nur als Sagen und Legenden abzutuen, sondern sie als das zu betrachten was sie sind, nämlich als Tatsachenberichte. Kaum Jemand christlichen Glaubens, bezweifelt, dass die Geschichten des Alten Testaments der Wahrheit entsprechen. Jedenfalls sind jene Ereignisse welche im Zusammenhang mit der Sintflut in der Bibel geschildert wurden, zum Ende der Eiszeit genau wie beschrieben tatsächlich vorgefallen.

Für mich steht fest, dass beide Ereignisse: die Sintflut und der Untergang von Atlantis tatsächlich stattfanden, und zwar zum Ende der letzten Eiszeit. Eine andere sinnvolle Möglichkeit gibt es nicht.!
Natürlich werden Skeptiger sagen; dass gigantische Naturkatastrophen zu jeder anderen Zeit hätten stattfinden können. Aber zum Einen ist diese Annahme rein spekulativ und zum Anderen haben die Ereignisse welche zum Ende der letzten Eiszeit stattfanden eine solch gewaltige Dimesion, das sie jede andere Natur- katastrophe bei weitem in den Schatten stellen. Auch selbst die Explosion der Insel Terra war dagegen eher belanglos.
Des Rätsels Lösung liegt wie ein offenes Buch vor unseren Augen. Wir brauchen nur hinzuschauen und das, was wir sehen zu interpretieren.

„ Ihr Menschen habt Ohren zu hören und hört dennoch nicht. Ihr Menschen habt Augen zu sehen und seht dennoch nicht. „

Mit diesem zeitlosen Zitat aus der Bibel möchte ich meine Ausführungen beenden.

Der Chefren Tempel in Ägypten. Sind die Ähnlichkeiten zu Gebäuden in Mittelamerika nur reiner Zufall ?

Bild oben: Abydos, Ägypten: Osireion

Das Osireion wurde ausgegraben unter einer 16m dicken Lehmschicht. Wie viele Jahrhunderte oder Jahrtausende wird es wohl gedauert haben, bis sich eine so dicke Sedimentschicht abgelagert hat? Oder war es eine einzige gigantische Naturkatastrophe? Jedenfalls kann man erkennen, dass die im unteren Bereich befindlichen Monolithen auch nach unbekannten Jahrtausenden noch immer aussehen, wie moderner Betonguss. Das weiter oben befindliche und damit jüngere Gemäuer ist dagegen sehr viel weniger perfekt gearbeitet. Daraus könnte und müsste man schließen, dass es vor der antiken ägyptischen Hochkultur eine noch ältere und höher stehende Kultur in Ägypten gab!

Auch in Puma Punka in Peru ist deutlich zu erkennen: unten das perfekt bearbeitete monolithische Mauerwerk, darüber das jüngere, weniger perfekte Gemäuer.

Verblüffend ist wohl auch die unbestreitbare Ähnlichkeit zu Gebäuden im antiken Agypten oder an anderen Orten weltweit (s.oben).

Puma Punku in Peru

Welche vorgeschichtliche Kultur mag wohl diese beeindruckenden Bauwerke hinterlassen haben ? Diese Menschen hinterliesen keine schriftlichen Zeugnisse ihres Daseins. Die Gebäude selbst jedoch sprechen wohl eine detliche Sprache.

Monolithische Bauteile in Puma Punku, Peru unbekannten Alters.

Wer möchte ernsthaft behaupten, dass diese perfekten Bauteile von primitiven Steinzeitmenschen mit Faustkeilen aus dem Fels herausgemeisel wurden ?

Literaturverzeichnis:

Berlitz, Charles: Das Atlantis Rätsel
　　　　Weltbild Verlag GmbH
　　　　Augsburg 1994

Der Brockhaus: F.A. Brockhaus GmbH, Mannheim 2000
　　　　Sonderausgabe für den Weltbild Verlag
　　　　GmbH, Augsburg, 2000

Das visuelle Lexikon der Naturwissenschaften:
　　　　Gerstenberg, 2006

Collins, Andrew: Göbekli Tepe
　　　　Die Geburt der Götter
　　　　Kopp Verlag, 2018

Michel, Peter: Atlantis
　　　　Auf der Suche nach einer versunkenen Welt.
　　　　Aquamarin Verlag 2. Auflage, 2003

Vidal-Naquet, Pierre: Atlantis; Geschichte eines Traums

Verlag C. H. Beck oHG,

Anhang

Die wirklichen Gründe für den Klimawandel

Das Thema Klimawandel wurde bereits sehr ausführlich behandelt und man könnte meinen, dass Alles was hierzu bekannt ist bereits widergegeben wurde. Jedoch möchte ich darauf hinweisen, dass dem nicht so ist. Es gibt durchaus noch Informationen, welche bislang noch zurückgehalten oder vernachlässigt wurden und die ich im Folgenden darlegen möchte.

Zunächst möchte ich die bereits bekannten Tatsachen noch einmal zusammenfassen und kommentieren. CO2 ist ein Gas welches bei vielerlei natürlichen Prozessen von Mensch und Tier freigesetzt wird und künstlich im KFZ-Verkehr und im Luftverkehr produziert wird. Lebenswichtig ist dieses Gas für alle Pflanzen, da sie den darin enthaltenen Kohlenstoff für ihr Leben unabdinglich brauchen. Daher filtern sie das CO2 aus der Luft um den Kohlenstoff abspalten zu können. Den Sauerstoff hingegen geben sie an die Luft ab. Dies tuen übrigens alle Pflanzen, also nicht nur die Bäume sondern auch Salatpflanzen, Kohlköpfe und alle anderen Gemüsearten. Tuen können sie dies jedoch nur solange man sie am Leben lässt, welches sie jedoch allzu oft zwischen den Kauwerkzeugen von Vegetariern und Veganern aushauchen. Nützlich sind uns die Pflanzen nicht in erster Linie als Nahrungsmittel, sondern vielmehr als die Produzenten des Sauerstoffs, welchen Mensch und Tier unabdinglich zum Leben brauchen. Ohne den Sauerstoff den die Pflanzen aus CO_2 gewinnen gäbe es kein menschliches und tierisches Leben. Das heißt, dass alles Leben auf der Erde direkt oder indirekt von der Existenz von CO_2 abhängig ist. Dies bedeutet, dass ohne CO_2 kein Leben auf der Erde existieren würde. Schon allein diese Tatsache sollte jedem zu denken geben der behauptet, dass dieses lebensspendende Gas Schuld haben soll am Klimaawandel. Dass dem nicht so ist, möchte ich im Folgenden darlegen.

Alle Menschen, die diese Zeilen lesen, werden mir wohl bis zu diesem Punkt zustimmen aber dennoch die berechtigte Frage stellen: „ Was ist denn dann mit dem Treibhauseffekt ? „ . Ich möchte natürlich nicht bestreiten, dass es einen Treibhauseffekt gibt. Dabei geht es vereinfacht ausgedrückt darum, dass es in der Atmosphäre eine Luftschicht gibt, welche zum Teil aus CO_2 besteht und die als Treibhausschicht bezeichnet wird. Sie heißt deswegen so, weil man sie mit dem Glasdach eines Treibhauses vergleicht und ihr eine änliche Wirkungsweise zuschreibt. Tatsächlich wird an dieser Treibhausschicht ein Teil der Wärmeabstrahlung der Erde reflektiert und zur Erde zurückgeworfen, so dass ein Wärmestau entsteht. So weit, so gut. Jedoch muss man bedenken, dass die Treibhausschicht genau wie eine Medaille zwei Seiten hat, eine die der Erde zugewendet ist und eine die dem Weltall zugewendet ist. Auch auf dieser der Erde abgewendeten Seite gibt es einen Effekt, der mit dem Treibhauseffekt vergleichbar ist. Dabei wird ein Teil der Sonneneinstrahlung welche die Erde trifft bereits an der Treibhausschicht reflektiert und ins Weltall zurückgeworfen. Dieser Teil der Sonneneinstrahlung kann also den Erboden gar nicht erreichen und somit auch nicht zur Klimaerwärmung beitragen. Wissenschaftler die sich mit diesem Phänomen beschäftigt haben, fanden heraus, dass ein Anteil von 16 % der Sonneneinstahlung reflektiert wird. Wenn man bedenkt, dass bereits ein Bruchteil der Sonneneinstrahlung ausreichen würde um die gesamte Energieversorgung der Erde zu gewährleisten, handelt es sich hierbei also um eine durchaus signifikante Größe. Deshalb sprechen die Wissenschaftler bei diesem Phänomen auch von der „ globalen Verdunklung „. Selbst wenn keine exakten absoluten Zahlen vorliegen, dürfen wir mit Sicherheit davon ausgehen, dass der Effekt der Globalen Verdunklung um ein Vielfaches größer sein muss, als der Treibhauseffekt. Dass dies wirklich der Fall ist, werde ich im Folgenden noch belegen. Wichtig ist es zu verstehen, dass der Effekt der globalen Verdunklung und der Treibhauseffekt gegensätzlich wirken. Das heißt, das Phänomen der globalen Verdunklung wirkt gegen die Klimaerwärmug. Wenn wir dies dem Treibhauseffekt gegenüberstellen und Beides gegeneinander aufrechnen ergibt sich folglich, dass <u>die Treibhausschicht eigetlich sogar eine Schutz-schicht gegen die Klimaerwärmung darstellt.</u>

Damit wäre für mich das so Lebensnotwendige CO_2-Gas als verursacher des Klimawandels vom Tisch.

Auch die Tatsache, dass sich die Konzentration von CO_2 in der Luft parallel zur Klimaerwärmung erhöht hat, muss nicht zwingend bedeuten, dass die Erhöhung der CO_2-Kozentration die Ursache für die Erwärmung darstellt. Genauso gut kann es sich hierbei um einen Nebeneffekt handeln. Z.B. verläuft die Anhebung des Meeresspiegels ebenfalls parallel zur Erhöhung der Lufttemperatur, aber nimand würde auf die Idee kommen deshalb dem Anstieg des Meeresspiegels die Schuld zu geben für den Klimawandel.

Wenn also das CO_2 nicht die Schuld trägt an der Klimaerwärmung, was ist dann die Ursache dafür?

Die Antwort auf diese Frage ist im Grunde genommen naheliegend, denn alle Menschen, die in einer Region der Erde leben in welcher es ausgeprägte Jahreszeiten gibt erleben Jahr für Jahr gleich zweimal einen Klimawandel. Beginnend im Winter ändert sich das Klima zunächst von kalt zu warm und nach dem Sommer wieder zurück zu kalt. Aber warum ist es im Sommer warm und im Winter kalt? Wir wissen es Alle: es liegt an der Anzahl der Sonnenstunden jedes einzelnen Tages. Im Sommer sind eben die Tage länger und die Nächte kürzer als im Winter. Das heißt, dass die theoretisch mögliche Anzahl von Sonnenstunden im Sommer deutlich höher ist als im Winter und zudem scheint die Sonne intensiver. Obendrein ist die Phase der Abkühlung, also die Nacht, im Sommer kürzer.

Dagegen bieten die langen Winternächte mehr Zeit der Abkühlung, was eben zu einem stärkeren Temperaturrückgang führt.

Wir können also festhalten, dass die Länge und Intensität der Sonneneinstrahlung der wesentliche Faktor ist für die Klimaerwärmung. Allerdings muss man bedenken, dass die Länge der Tage und Nächte und die Intensität der Sonneneinstrahlung sehr wahrscheinlich auch schon vor Jahrhunderten und Jahrtausenden bereits identisch war mit der heutigen Situation. Aber warum beobachten wir dann aktuell eine Klimaerwärmung.?

Tatsächlich beherrschte vor 12000 und mehr Jahren die bislang letzte große Eiszeit die Erde. Die Wissenschaft sagt, dass damals die Durchschnitts-temperaturen ca. 8 bis 12 ° C niedriger waren als heute. Wie ist dies möglich, wenn wir davon ausgehen müssen, dass die Dauer und Intensität der Sonneneinstrahlung identisch war mit der heutigen Situation? Die Beantwortung dieser Frage ist im Grunde genommen einfach. Während der Eiszeit waren mehrere Millionen Quadratkilometer der Erdoberfläche mehr als heute mit Gletschern bedeckt. Gletscher bestehen nun mal aus Schnee und Eis und beides ist weis. Dies bedeutet nichts anderes, als dass ein

gigantischer Teil der Erde mit einer weisen Oberfläche überzogen war. Und wie Viele von uns noch aus dem Physikuntericht in der Schule wissen, ist es so, dass weise Flächen den größten Teil der Sonneneinstrahlung reflektieren, wahrend dunkle Oberflächen den größten Teil der Sonnenein-strahlung absorbieren. Das bedeutet, dass sich dunkle Oberflächen unter Sonneneinstrahlung erhitzen und helle eben nicht. Allein durch diesen Umstand lässt sich erklären, dass die Durch- schnittstemperaturen während der Eiszeit um ca. 10°C niedriger waren als heute.
Natürlich wurde auch der Eiszeit durch einen Klimawandel ein Ende gesetzt. Wenn wir uns treu bleiben wollen, müssen wir davon ausgehen, dass auch damals die Klimaerwärmung durch zu starken Automobil- und Flugverkehr verursacht wurde. Leider ist jedoch die wissenschaftliche Meinung, dass die Menschen damals in der Steinzeit lebten und weder Automobil noch Flugzeug kannten. Was nun ? Einer gängigen Theorie zufolge wurde jener Klimawandel durch den Einschlag eines riesigen Meteoriten auf der Erde ausgelöst. Durch die Wucht des Einschlags wurde soviel Energie freigesetzt, dass zum Einen ein Teil der eiszeitlichen Gletscher direkt zum schmelzen gebracht wurde und zum Anderen die vulkanische Tätigkeit enorm gesteigert wurde.

Durch diese gewaltige Steigerung des Vulkanismus wurden unvorstellbare Mengen an Staub und Asche in die Luft geschleudert und durch den Wind großflächig über der Erde verteilt. Nach einiger Zeit senkten sich Staub und Asche der Schwerkraft folgend auf den Erdboden und somit wurden große Teile der Gletscher mit einer dunklen Oberfläche überzogen. D.h. anstelle gigantischer weiser Flächen gab es danach ebenso große dunkle Gebiete. Dunkle Flächen absorbiren einen großen Teil der Sonneneinstrahlung wobei sie sich erwärmen. Diese Wärme war ausreichend um die Gletscher zum schmelzen zu bringen und gleichzeitig die Lufttemperatur zu erhöhen.
Natürlich können wir beim aktuellen Klimawandel keinem Meteoriteneinschlag die Schuld geben, denn es gab in dem in Frage kommenden Zeitraum Keinen welcher auch nur annähernd die nötige Größe besessen hat. Statt dessen hat wohl die kontinuierliche Reduzierung heller Flächen bei gleichzeitigem Ausbau dunkler bzw. schwarzer Flächen zur heutigen Klimaerwärmung geführt. Leider wissen wir heutzutage nichts besseres zu tuen, als gerade die Installation schwarzer Flächen (Solarkollektoren, Schwarze Limousinen, ...) in immer rascherem Tempo auszubauen. Dies wird mit Sicherheit dazu führen, dass sich die Klimaerwärmung immer mehr beschleunigt.

Das der Unterschied zwischen hellen und dunklen Flächen im Zusammenhang mit der Klimaerwärmung durchaus von ausschlaggebender Bedeutung ist, lässt sich sehr einfach anhand eines kleinen Experiments welches jederzeit von Jedermann durchführen lässt veranschaulichen.
Das funktioniert wie folgt: man nehme zwei Autos, ein weis lackiertes und ein schwarz lackiertes und stelle Beide an einem Hochsommertag bei strahlend blauem Himmel in die pralle Sonne. Man warte zwei bis drei Stunden und schon nach dieser kurzen Zeit wird sich das Blech der schwarzen Limousine derart stark erwärmt haben, dass man auf der Motorhaube oder auf der Dachfläche Spiegeleier braten kann. Dies wird bei dem weisen Auto nicht funktionieren; Es wird nur unwesentlich wärmer als die Lufttemperatur. Warum ? Weil helle Flächen den größten Teil der Sonnenein-strahlung reflektieren, während dunkle Flächen den größten Teil der Sonneneinstrahlung absorbieren, was genau der Grund ist für die enorme Erwärmung dieser Oberfläche.! An einem Tag an dem dicke Gewitterwolken den Himmel bedecken funktioniert das Experiment übrigens nicht. Obwohl es auch unter der dichten Wolkendecke einen Treibhauseffekt gibt, ist es darunter

deutlich kühler und dunkler als bei strahlend blauem Himmel. Es ist also tatsächlich kühler trotz Treibhauseffekt.! Dieser macht sich allenfalls nachts bemerkbar, da die nächtliche Abkühlung bei bedecktem Himmel nicht so deutlich ausfällt wie in einer sternenklaren Nacht. Diese Jedem geläufigen Phänomene belegen eindeutig, dass der Effekt der globalen Verdunklung deutlich größer sein muss als der Treibhauseffekt. Die Treibhausschicht ist also tatsächlich eine Schutzschicht gegen die Klimaerwärmung.

Es ist also eine unbestreitbare und unwiderlegbare Tatsache, dass dunkle Oberflächen im Gegensatz zu Hellen zur Klimaerwärmung einen erheblichen Beitrag leisten !!! Z.B. summieren sich die Oberflächen aller schwarzen Automobile allein in Deutschland zu einer Fläche von mehrern Quadratkilometern. Natürlich könnte man sagen, dass eine Fläch von wenigen Quadratkilometern im Verhältnis zur Gesamtfläche Vernachlässigbar ist.
Dennoch wäre so etwas wie schwarze Autos ohne jeglichen Aufwand zu vermeiden.

Was jedoch ein bedeutend größeres Problem darstellt, ist eine dunkle Fläche welche weltweit seit

Jahrzehnten ständig und immer schneller wächst. Die Rede ist von Solarkollektoren. Diese im Grunde genommen umweltfreundliche Technologie trägt dennoch in erheblichem Maß zur Klimaerwärmung bei. Unbestreitbar sind Solarkollektoren eigens dafür konstruiert möglichst viel Sonnenenergie einzufangen. Weltweit werden diese Flächen sicherlich jedes Jahr um tausende Quadrat- kilometer vergrößert. Dies kann nur zur Folge haben, dass sich die Erderwärmung entsprechend beschleunigt.

Ein weiterer sehr wichtiger Aspekt der zur Beschleunigung der Erderwärmung beiträgt ist die Abholzung der Urwälder und Regenwälder. Aber warum sind gerade die Wälder von so großer Wichtigkeit? Bäume sind sehr große Lebewesen, die durch ihr dichtes Blätterdach den Erdboden beschatten und dadurch dafür sorgen, dass die Erde auch in einer Trockenperiode nicht so schnell austrocknen kann. Dennoch sind die Bäumedank ihrer Größe dazu in der Lage relativ viel Flüssigkeit zu verdunsten, was dazu führt, dass durch die Verdunstungskälte das Klima abgekühlt wird. Diese Funktion können die Bäume nur dann ausüben, wenn sie auch in einem extrem heißen Sommer mit ausreichend Wasser versorgt werden.

Leider ist es oft so, dass in einer Periode extremer dürre der Mensch zunächst einmal sich selbst mit Wasser versorgt, dann möglicherweise die Tiere und für die Pflanzen bleibt dann nichts mehr übrig. Da jedoch Mensch und Tier nicht ohne das vorhanden sein von Pflanzen überleben können, ist dieses Verhalten nicht nur egoistisch und dumm, sondern es hat auch etwas selbstzerstörerisches. Darum ist es von elementarer Bedeutung alle Pflanzen, Wälder und Lebensmittelpflanzen, immer mit ausreichend Wasser zu versorgen. Das dafür notwendige Wasser könnte z.B. durch das entsalzen von Meerwasser gewonnen werden oder, wie wäre es, das bei Starkregen anfallende Wasser in großen Zisternen zu sammeln, was auch Flutkatastrophen abmildern könnte. Jedenfalls dürfen wir uns nicht erlauben Felder, Wiesen und Wälder einfach vertrocknen zu lassen. Wir sind auf jede einzelne Pflanze angewiesn, aber nicht als Lebensmittel, sonder weil sie denn Sauerstoff produzieren, denn wir unabdinglich zum Leben brauchen und weil sie dazu beitragen den Klimawandelzu stoppen.!

In südlichen Ländern in denen es schon seit alters her deutlich höhere Durchschnittstemperaturen gibt als in Mitteleuropa werden seit jeher Dächer weiß getüncht. Warum haben diese merkwürdigen Menschen dies nur getan ?

Resümee:

Keinem meiner oben genannten Argumente wird wohl von einem ernst zu nehmenden Menschen widersprochen werden, da sie allesamt unwiderleg-
bar sind. Insofern werden wohl auch meine Schluss-
folgerungen richtig sein, auch weil es die einzig Sinnvollen sind.

Schlussfolgerungen:

1. CO_2 ist nicht verantwortlich für den Klimawandel.
2. Durch die (farbliche) Gestaltung unserer Umwelt können wir die von uns gewünschte Durchschnittstemperatur gradgenau ein-regulieren.

Geeignete Maßnahmen könnten wohl von Jedermann im Kleinen ergriffen werden. Diese Maßnahmen werden wohl nicht geeignet sein neue Steuereinnahmen zu generieren. Jedoch muss in dieser Situation in der wir uns befinden der Klimaschutz Vorrang haben und nicht das Staatssäckel.

Was jedoch dem Klima keinerlei Nutzen bringt, sind Protestaktionen jeglicher Art. Diese Proteste können allerdings dazu führen, dass die Politiker sich zum vorschnellen Ergreifen von Maßnahmen genötigt sehen. Vorschnell sind solche Maßnahmen, welche auf falschen Voraussetzungen basieren. Sie könnten unnötig und sogar schädlich sein. Schädlich sind sie jedenfalls für die Automobilindustrie, an der weltweit Millionen Arbeitsplätze hängen. Nicht nur deshalb ist es notwendig endlich die wahren Gründe für den Klimawandel zu erforschen und CO_2 als das anzuerkennen was es ist: nämlich ein Gas ohne das Leben auf der Erde nicht möglich ist!

Zeitfracht Medien GmbH
Ferdinand-Jühlke-Straße 7,
99095 - DE, Erfurt
produktsicherheit@zeitfracht.de